Em que acreditam os cristãos?

Malcolm Guite

Em que acreditam os cristãos?

Tradução de
Omar de Souza

CIVILIZAÇÃO BRASILEIRA

Rio de Janeiro
2010

Publicado originalmente em inglês por Granta Publications, sob o título *What do Christians Believe?*

Copyright © Malcolm Guite, 2006

Os direitos morais do autor foram assegurados

EDITOR DA SÉRIE
Tony Morris

PROJETO GRÁFICO DE MIOLO
Evelyn Grumach e João de Souza Leite

CAPA
Sérgio Campante

CIP-BRASIL. CATALOGAÇÃO-NA-FONTE
SINDICATO NACIONAL DOS EDITORES DE LIVROS, RJ

G983e Guite, Malcolm
Em que acreditam os cristãos? / Malcolm Guite; [tradução Omar de Souza]. –
Rio de Janeiro: Civilização Brasileira, 2010.
(Em que acreditamos?)

ISBN 978-85-200-0786-0

1. Cristianismo. I. Título. II. Série.

10-3817
CDD: 230
CDU: 23

EDITORA AFILIADA

Todos os direitos reservados. Proibida a reprodução, armazenamento ou transmissão de partes deste livro, através de quaisquer meios, sem prévia autorização por escrito.

Este livro foi revisado segundo o novo Acordo Ortográfico da Língua Portuguesa.

Direitos desta tradução adquiridos pela
EDITORA CIVILIZAÇÃO BRASILEIRA
Um selo da
JOSÉ OLYMPIO EDITORA
Rua Argentina 171 – 20921-380 – Rio de Janeiro, RJ –
Tel.: 2585-2000

Seja um leitor preferencial Record.
Cadastre-se e receba informações sobre nossos lançamentos e nossas promoções.
Atendimento e venda direta ao leitor:
mdireto@record.com.br ou (21) 2585-2002

Impresso no Brasil
2010

Em memória de
H. F. Guite, acadêmico e pregador.

Sumário

Agradecimentos 9

1 O que significa ser cristão? 11
   Pertencer, crer e agir
   Amor, o conceito-chave
2 Onde estão os cristãos? 21
   Um mapeamento da mensagem cristã
3 A história de Jesus 31
   História e mistério
   Quem Jesus afirma ser?
4 Os discípulos de Jesus 77
   São Paulo
   O imperador Constantino
   Contracultura e reforma
5 Os ensinamentos de Jesus 95
   A herança judaica
   Pecado e salvação
   O Pai Nosso
   As parábolas de Jesus
   O amor e as últimas coisas
   A Santíssima Trindade, uma comunidade de amor

6 O que fazem os cristãos? 127
Oração
Sacramento
Caridade
Variações da experiência cristã

7 O cristianismo no mundo 135
Política e paz
Lidando com as diferenças
O cristianismo e outras crenças e ideologias do mundo
O cristianismo e novas questões éticas
O que o amor tem a ver com isso?

8 O cristianismo no século XXI 167
Fundamentos ou fundamentalismo?
Aonde vamos agora?
Fé, esperança e amor

Cronologia 175
Leituras adicionais 177
Recursos na internet 179
Índice remissivo 181

Agradecimentos

Durante o processo de elaboração deste livro, fui grandemente beneficiado pelas conversas e correspondências trocadas com amigos cristãos de muitas denominações. Romie Ridley foi muito gentil ao ler os manuscritos, fazendo várias sugestões úteis. Sou grato pela paciência de meus editores e pelo incentivo de minha esposa.

1

O que significa ser cristão?

Pertencer, crer e agir

O cristianismo, que começou como uma seita minoritária dentro do judaísmo, é hoje uma das maiores religiões do mundo, com aproximadamente dois bilhões de adeptos espalhados por todas as nações do planeta. Teve início com um pequeno grupo de pessoas que compartilhavam um idioma, um estilo de vida e várias experiências pessoais. Em nossos dias, abarca muitas línguas e culturas, gerando uma variedade extraordinária de práticas e interpretações, ainda que todas mantenham uma base comum de fé, inspirada nos ensinamentos, na vida, na morte e na ressurreição de um carpinteiro de Nazaré. Como isso aconteceu? Até que ponto os eventos que mudaram a vida dos primeiros discípulos de Jesus continuam a exercer o mesmo poder sobre a vida das pessoas, sejam elas da igreja copta no Egito, membros da igreja ortodoxa russa, batistas dos Estados Unidos ou anglicanos vivendo em um vilarejo inglês?

Por maiores que sejam as diferenças em termos de tradição, abordagem e compreensão, é possível identificar três elementos fundamentais, todos partes essenciais do que significa ser cristão. O primeiro é um certo senso de pertencimento ou pertença. Não se trata apenas de ser uma pessoa que, nas palavras usadas em um antigo livro devocional, "professa e se apresenta" como cristã, embora isso também esteja incluído. Contudo, ainda mais profunda é a noção de pertencer a uma comunidade de fé. O cristianismo não é uma religião privada ou intelectual. A comunhão e o senso de pertencimento estão em seu cerne. Os mais antigos documentos da Era Cristã mostram que os primeiros seguidores de Jesus tinham essa noção de pertencer ao mesmo grupo a ponto de se referirem uns aos outros como integrantes de um só corpo. Em uma das passagens bíblicas, Jesus promete estar com os futuros cristãos não somente durante as orações e meditações individuais, mas "onde se reunirem dois ou três em meu nome". Por fim, a noção de pertencimento é intrínseca ao significado de ser cristão porque os cristãos acreditam pertencer não apenas um ao outro, como também todos eles a Deus. Como consequência natural desse senso supremo de pertencimento, surge a noção subjetiva e efêmera de não pertença, ou seja, de não fazer parte desse mundo, de não se submeter aos desejos da carne ou mesmo de não ceder às invocações aparentemente definitivas da morte. A partir desse paradoxo — pertencer e não pertencer — surge a condição característica da mística cristã de vida e oração, que se traduz simplesmente em expectativa, na espera ansiosa pelo encontro final e transcendente com Deus em outra dimensão, onde aqueles que creem viverão e todas as outras necessidades serão supridas.

Crer é a segunda característica essencial do que significa ser cristão. Ela se manifesta dentro da comunidade que se forma em função do senso de pertencimento. Os membros dessa comunidade assumem (e, com o tempo, passam a viver de acordo com) um sistema de crenças e uma estrutura de fé baseados no papel central de Jesus como ponto de encontro entre Deus e a humanidade, o responsável pela restauração de um relacionamento antes destruído. Essas crenças são expressadas e enfatizadas de diferentes maneiras pelas mais diversas comunidades cristãs. Às vezes, essas diferenças são grandes a ponto de romper os vínculos de pertencimento sobre os quais nasceram e se desenvolveram, levando a cismas ou mesmo a guerras de caráter religioso. Tais divisões e conflitos históricos, pela própria natureza, corroeram as crenças que se propunham a defender. Não obstante, como veremos, ainda subsistem as crenças fundamentais das quais quase todas as comunidades cristãs têm dado testemunho ao longo da História.

O terceiro elemento comum no que significa ser cristão é a ênfase no comportamento. Em seu cerne, o cristianismo nutre a noção de que o comportamento humano é relevante e que o peso de suas implicações é eterno. Aquilo que fazemos é tanto consequência quanto causa do que somos. Os cristãos acreditam ser possível escolher entre o bem e o mal, e que, em última instância, o critério norteador dessas escolhas deve ser o amor. Não se trata aqui de dizer que os cristãos são unânimes a respeito do que constitui um modo de agir pautado pelo amor, ou sobre até que ponto um comportamento distinto — ou a "vida em santidade" — pode ser considerado elemento essencial ou qualificativo para "ser" cristão. No entanto, todos hão de concordar que a fé cristã jamais poderia agir com indiferença em relação à maneira pela qual vivemos de fato.

Desse modo, se pertencer, crer e agir constituem os três elementos essenciais do significado da expressão "ser cristão", qual seria a relação entre eles? Qual dos três seria prioritário? Será que continuaríamos reconhecendo como cristã alguém ou uma comunidade em que um desses três elementos faltasse ou estivesse seriamente comprometido? Ao responder a essas perguntas, podemos identificar, de imediato, as diferenças entre os cristãos.

Em qualquer período da História, é possível encontrar uma comunidade que tenha enfatizado um desses três fatores em detrimento dos demais. Essas diferenças de ênfase não se limitam a seguir as linhas históricas que marcaram a divisão entre católicos, protestantes e ortodoxos, ou mesmo as divisões sectárias em denominações dentro do protestantismo (veja nas páginas 90-93). São, na verdade, diferenças de estilo, de tom e de ênfase que podem ser encontradas dentro de cada denominação.

Qualquer um desses elementos, enfatizado em detrimento dos outros dois, pode levar a distorções que prejudicam tanto os crentes quanto aqueles com quem eles interagem. A igreja que enfatiza apenas o pertencimento, isolando-o da fé e do comportamento, torna-se tribal ou exclusivista. O cristianismo começa a ser confundido com uma espécie de raça ou nação, transformando-se em um crachá de identificação, incapaz de desafiar o comportamento ou de refletir as crenças e os ensinos primordiais de seu fundador. A história da Europa cristã é repleta de tristes exemplos, desde a expulsão dos judeus da Espanha católica durante a Idade Média até o massacre de muçulmanos pelos cristãos sérvios "ortodoxos" em Srebrenica, em 1995.

A igreja que enfatiza a fé e a pureza doutrinária absoluta como condições de pertencimento, independentemente do comportamento, logo se torna fundamentalista e sectária. Em uma igreja assim, somente aqueles que se encaixam em uma definição exata e se recusam a questionar ou indagar são considerados verdadeiros cristãos. A igreja passa a se preocupar com possíveis divisões e a promover uma caça às bruxas interna para identificar focos de heresias. Enquanto isso, a pureza da doutrina oficial costuma mascarar a hipocrisia e a arbitrariedade da liderança. O atual renascimento de algumas formas de fundamentalismo cristão evidencia essas tendências.

A igreja que só enfatiza os imperativos morais cristãos contidos nos mandamentos e convoca que as pessoas vivam de um modo radicalmente santo pode acabar instituindo um legalismo que consome a alma do crente, promovendo a ideia de que é necessário "guardar todas as regras" para obter a salvação — um conceito que Paulo e outros escritores do início da Era Cristã rejeitavam com veemência. Essas igrejas podem apresentar o cristianismo como um tipo de atletismo espiritual possível somente a alguns santos dedicados que vivem a vida religiosa, desprezando o restante da humanidade, considerado corrupto e derrotado.

Tal como as pessoas da Santíssima Trindade (veja nas páginas 124-126), esses três aspectos do "ser cristão" são, na realidade, interdependentes e sustentam uns aos outros. Pertencer a uma comunidade envolve a assimilação e a participação em crenças compartilhadas, bem como implica o reconhecimento de certo senso corporativo de ideais e comportamento. A crença compartilhada é, por sua vez, parte daquilo que constrói uma comunidade e consolida o pertencimento. Mudanças no comportamento, especialmente as que os cristãos conhecem como arrependimento e renovação, são possíveis quando um senso de pertencimento, ou o desejo de pertencer, as justifica ou torna desejáveis. Em última análise, os cristãos, em sua maioria, podem dizer que sua crença — a de que, por meio de Cristo, já pertencem a Deus e um ao outro — promove um comportamento distinto, uma abordagem específica da complicada tarefa de ser humano.

Pertencimento é uma palavra de ordem sociológica, e o termo que os cristãos preferem usar para descrever seu jeito particular de pertencimento (em todos os seus mais diversos significados) é "amor".

Amor, conceito-chave

Quando pediram a Jesus que sintetizasse o maior mandamento das Escrituras hebraicas, ele citou um duplo mandamento sobre o amor:

> Respondeu Jesus: "Ame o Senhor, o seu Deus, de todo o seu coração, de toda a sua alma e de todo o seu entendimento [...] e [...] Ame o seu próximo como a si mesmo. Destes dois mandamentos dependem toda a Lei e os Profetas." (Mateus 22:37-40)

Todo o ministério de Jesus foi concentrado na redescoberta e na renovação desses mandamentos, interpretando de uma nova maneira o que significa, na prática, amar a Deus e ao próximo. Quando ele veio para transmitir os próprios ensinamentos aos discípulos de uma forma memorável, usou mais uma vez o amor como seu conceito-chave: "Um novo mandamento lhes dou: Amem-se uns aos outros.

Como eu os amei, vocês devem amar-se uns aos outros" (João 13:34).

Para a maioria dos cristãos, porém, Jesus é mais do que um grande mestre e profeta. Durante os anos que se seguiram à morte e à ressurreição de Jesus, os cristãos passaram a crer que Cristo era ele mesmo a completa encarnação e a plena manifestação de Deus. Foi a partir da experiência íntima que tiveram com Jesus como Deus encarnado que eles puderam dizer, com convicção, não apenas que Deus dá ou recebe amor, mas que "Deus é amor. Todo aquele que permanece no amor, permanece em Deus, e Deus nele" (1 João 4:16).

Por ser uma motivação central, o amor também fornece uma chave para a interpretação de muitas doutrinas cristãs que, em determinados períodos, pareceram obscuras ou complicadas para aqueles que buscam compreender a fé. Por exemplo, a teologia da expiação (veja nas páginas 102-105), com seus diversos modelos e as mais variadas ênfases, pode ser sintetizada e entendida como a restauração de um relacionamento de amor com Deus, quebrado pela pecaminosidade humana, mas restaurado por Cristo, que oferece a si mesmo como sacrifício diante do Pai. Da mesma maneira, a doutrina de Deus como Santíssima Trindade pode ser mais bem explicada e compreendida não em termos de uma pessoa abstrata ou estados de existência e de união, e sim como relacionamentos de amor entre Pai e Filho por intermédio do Espírito Santo.

Por essa razão, em cada parte deste livro, conforme explorarmos a variedade de práticas e ensinamentos cristãos, tudo remeterá ao tema central do amor como a chave para a compreensão daquilo em que os cristãos acreditam.

2

Onde estão os cristãos?

Um mapeamento da mensagem cristã

Assim como o judaísmo antes e o islamismo posteriormente, o cristianismo teve origem no Oriente Médio. Desde então, espalhou-se com grande rapidez, geralmente por força da perseguição, e hoje pode ser encontrado em todas as partes do mundo.

O cristianismo logo se afastou de suas origens judaicas para adotar o conceito de que seus ensinamentos se destinavam a todas as nações. Em um espaço de poucas gerações, já era possível encontrar cristãos em todo o império romano e muito além, em lugares tão distantes quanto a Índia. Tal como acontecera a outras religiões, o cristianismo se espargiu ao longo das rotas comerciais e de expansão, abertas tanto por seus adeptos quanto por inimigos. Depois da queda de Jerusalém, em 70 d.C., o centro de gravidade do

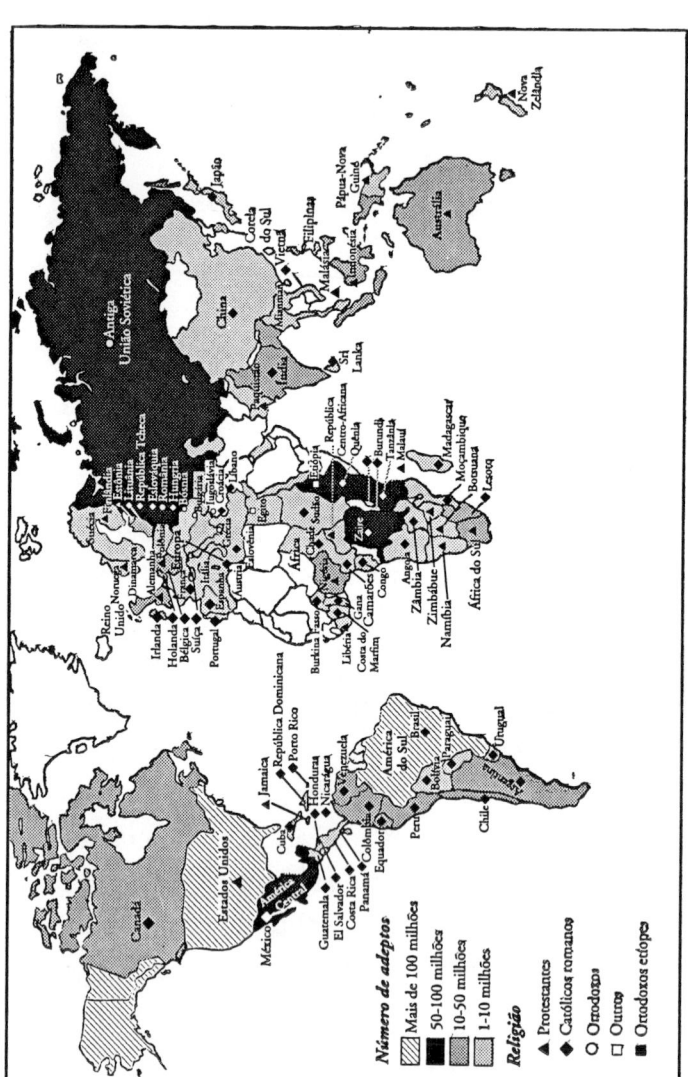

Distribuição da religião cristã

cristianismo passou para Roma e Constantinopla, os dois centros de um império que se dividia cada vez mais. A separação entre duas formas de cristianismo — o catolicismo ocidental e os ortodoxos orientais — foi reflexo dessa partilha.

A descoberta, a exploração e ainda a extração de recursos do então chamado "Novo Mundo" pelos europeus, nos séculos XVI e XVII, fez com que as ideias e os ensinamentos do cristianismo se espalhassem pela América do Norte e América do Sul. Geralmente, ela seguia o rastro dos conquistadores, cuja violência e ganância contradiziam por completo os ensinamentos e o espírito de Jesus. Apesar disso, enraizou-se e prosperou de maneira tão sólida que os cristãos do Novo Mundo logo começaram a desafiar o comportamento dos missionários, bem como daqueles que os apoiavam. O filme *A missão* (*The Mission*, 1986, com Robert De Niro e direção de Rolland Joffé), ambientado no período dos conquistadores, é um estudo instigante de como uma comunidade cristã pioneira do Novo Mundo poderia revelar e desafiar a hipocrisia dos mesmos cristãos que a fundaram. Ainda hoje, o surgimento da teologia da libertação na América do Sul e na África está forçando as igrejas europeias a reexaminar as raízes da própria fé.

Essa disseminação rápida por muitas tribos e línguas compeliu a Igreja a estabelecer uma distinção entre Cristo e o contexto, uma forma de conceber que a mesma fé interior, compreendida como uma "nova vida em Cristo", poderia vicejar entre os mais diversos costumes e culturas do mundo. A primeira ruptura ocorreu quando o Concílio de Jerusalém (51 d.C.), formado, em grande parte, por cristãos judeus, liberou os cristãos gentios da obrigatoriedade da circuncisão, bem como de guardar a lei judaica (cf. Atos 15). Tratava-se de um reconhecimento de que os ritos externos e visíveis podem variar, desde que testemunhem a mesma fé interior. Idênticas questões estão presentes no crescimento atual das igrejas da África e da Índia, cuja liturgia e visão refletem o melhor da cultura local e não se traduzem em simples imitações do que se faz no Ocidente.

De fato, um fator significativo no crescimento global do cristianismo é a influência das igrejas fortes e crescentes dos países em fase de desenvolvimento sobre o aparente declínio das igrejas europeias. Em sua obra seminal *Foolishness to the Greeks: Gospel and Western Culture* [Loucura para os gregos: o evangelho e a cultura ocidental], Leslie Newbigin usa sua experiência em termos de cultura das igrejas cristãs na Índia para criticar o materialismo e o secularismo da sociedade cristã ocidental. As cerimônias fúnebres do Papa João Paulo II, em 2005, e o início do pontificado do Papa Bento XVI evidenciaram o alcance global de uma Igreja dentro da qual subsistem a unidade da fé e uma grande diversidade de etnias e expressões culturais.

Boa parte da história da Igreja é marcada por essa tensão entre a unidade e a diversidade. As atuais disputas dentro da Igreja Anglicana em todo o mundo sobre a questão da homossexualidade constituem um ótimo exemplo. Alguns grupos acreditam que as questões relacionadas à sexualidade humana se situam na área das discussões puramente socioculturais, um domínio onde a diversidade deve ser acolhida; outros, por sua vez, encaram essas mesmas questões como centrais à doutrina e aos ensinamentos, as quais transcendem (e, de fato, levam a algum tipo de juízo) meras tradições humanas e traços culturais. Em encontro recente de bispos da Comunhão Anglicana de todo o mundo, um dos participantes declarou: "Não precisamos de um teólogo para nos ajudar a resolver nossas diferenças; precisamos é de um antropólogo!"

O cristianismo veio a se dividir em três grandes correntes: os ortodoxos, os católicos e os protestantes (veja nas páginas 87-93), e ainda é possível fazer algumas generalizações em relação à distribuição desses diferentes ramos da família cristã. Em um sentido amplo, é verdade que a Igreja Ortodoxa ainda prospera naqueles lugares que faziam parte da metade oriental do império romano, desde a Grécia até a Rússia. A presença contínua do cristianismo desde os seus primórdios na Palestina, no Egito e em outras partes do Oriente Médio também faz parte da tradição ortodoxa. É igualmente verdade que, de maneira geral, as partes do mundo dominadas pelos povos europeus de fala latina (e, posteriormente, hispânica) foram e continuam integradas à família católica romana, enquanto a Reforma Protestante ganhou mais espaço no norte do que no sul da Europa. Em seguida, esse padrão europeu de divisão foi reproduzido na conquista das Américas e, posteriormente, na África e no Extremo Oriente. Assim, há maioria protestante na América do Norte, ao passo que a América do Sul é, em geral, mais católica. Na África colonial, o ramo do cristianismo formado pela adesão dos novos convertidos também refletiu a força persuasiva da igreja dominante nas respectivas matrizes políticas europeias. Portanto, o vasto alcance da Igreja Anglicana no mundo é, em parte, consequência do poder e da amplitude do império britânico.

Contudo, essa abordagem generalizada é repleta de exceções e classificações importantes. Mesmo nos países pós-coloniais marcados por uma adesão denominacional semelhante à de suas matrizes, as manifestações de fé locais mais vigorosas são, de modo geral, bem diferentes. Além disso, o crescimento do movimento ecumênico (corrente que busca a unidade religiosa entre os cristãos por intermédio do diálogo, cujas raízes estão na conferência missionária de Edimburgo, de 1910) e a expansão da comunicação global proporcionaram diálogo e troca de ideias muito maiores entre as diferentes tradições e culturas cristãs — mais do que em qualquer outra época. Por isso, para muitos cristãos, essas antigas linhas históricas de demarcação são cada vez menos significativas.

Outro fator que torna complicada a iniciativa de se traçar um quadro dos três maiores ramos do cristianismo é o surgimento de novas igrejas não denominacionais nos lares, principalmente entre culturas antes classificadas como protestantes. Junte-se a isso o aparecimento, nas culturas católicas, de um movimento carismático que tem muito em comum com essas igrejas protestantes e que acontece nos lares. Tais igrejas guardam pouca semelhança com seu passado clássico e carregam ainda menos do que considerariam o legado histórico da divisão provocada pela Reforma e os movimentos pré-reforma. As novas igrejas costumam fazer referência a si mesmas como não denominacionais, mas dão grande ênfase a um tipo de mistura entre literalismo bíblico e experiências extáticas de libertação por meio dos "dons do espírito", especialmente a glossolalia, capacidade de falar ou cantar em línguas estranhas, uma pronúncia de sons e sílabas nas quais os não crentes podem ter dificuldade em encontrar sentido, mas que os crentes interpretam como a língua dos anjos. Embora essas "igrejas nos lares" tenham começado, literalmente, na casa das pessoas, hoje muitas delas ocupam cinemas desativados, assim como antigos galpões onde antes funcionavam armazéns, em cidades britânicas e dos Estados Unidos. Ainda não está muito claro até que ponto elas poderão, com o tempo, se consolidar como denominações de fato ou sinalizar um movimento na direção de uma nova unidade entre todos os cristãos.

O cristianismo ainda é uma fé missionária, e o número de adeptos continua crescendo. Mas seu centro de gravidade não é mais fixo. Deixou de ser uma fé predominantemente ocidental ou europeia. Assiste-se ao declínio das congregações cristãs nos berços históricos do cristianismo, enquanto na África, na China, na Índia e na América do Sul ele cresce cada vez mais. Recentemente, a Igreja Anglicana instituiu uma década de evangelismo, ecoando uma convocação similar promovida pela Igreja Católica Romana. Esse reavivamento, se bem-sucedido, será movido muito mais pela energia das igrejas jovens e emergentes dos países em desenvolvimento do que pelas tradições e pela História do Ocidente.

Mesmo em tempos mais recentes, é muito grande a diversidade no histórico de alguns dos mais conhecidos teólogos e líderes cristãos. O penúltimo papa surgiu nas lutas da Polônia; Martin Luther King fazia parte da população negra do sul dos Estados Unidos; Madre Teresa veio da Albânia para ministrar em Calcutá; Oscar Romero ganhou proeminência mundial a partir de sua base em San Salvador. No futuro, conforme o equilíbrio da balança continuar mudando, veremos mais e mais líderes e pensadores cristãos despontando na África, na China e na Índia. Como resultado desse processo, devemos ser capazes de olhar adiante e distinguir um diálogo e um encontro mais bem fundamentado entre o cristianismo e outras crenças e ideologias do mundo. Pode ser até que a série de livros à qual este título pertence, e outros como ele, se tornem parte da formação e do conteúdo desse processo.

3

A história de Jesus

História e mistério

Uma das características das Escrituras é singular. São Gregório afirma que "as Escrituras transcendem todas as demais ciências pela maneira como usam um só e o mesmo discurso para contar a história e revelar o mistério.*

Como podemos saber algo sobre Jesus, afinal de contas? Ele não escreveu nada, e queria que o seu evangelho — as "boas-novas", como ele mesmo se referia — sobre a vinda do Reino de Deus fosse transmitido oralmente de uma pessoa para outra. Além disso, a reivindicação de seus discípulos diretos e de todas as comunidades cristãs posteriores é a de que esses

---

*Santo Tomás de Aquino; *Summa Theologia*: Uma tradução concisa, editada por Timothy McDermott, p. 4.

encontros com Jesus não cessariam com sua morte. O cerne da fé cristã, sobre o qual todas as outras doutrinas estão estabelecidas, é o fato de Jesus ter ressuscitado dentre os mortos, de ter mantido contato com os discípulos depois da ressurreição e prometido estar com eles e continuar ensinando e inspirando até o fim dos tempos.

Para os membros da fé cristã, existem dois tipos de comprovação a respeito da vida e da pessoa de Jesus: há os registros documentais de sua vida e morte, como acontece com qualquer outra figura histórica, e uma tradição de testemunhos sobre encontros com Jesus depois de sua morte. Ambos afetaram grandemente o registro histórico.

A Bíblia cristã, com seus 27 livros do Novo Testamento que se juntaram (quase como um comentário) aos já existentes livros da Escritura judaica, é uma trama composta por esses dois fios. Contém relatos da vida e dos ensinamentos de Jesus anteriores à sua morte, assim como narrativas vívidas de pessoas que se encontraram com ele depois da ressurreição. A maioria dos acadêmicos concorda que os relatos sobre a vida e os ensinamentos de Jesus anteriores à sua morte são orientados e iluminados pelo que tem sido chamado "experiência da Páscoa" — o encontro com Jesus além da cruz e a convicção de que sua ressurreição era a verdadeira chave para entender a identidade de Cristo e tudo o que ele fez e disse.

O que vem a seguir é um breve esboço com os pontos mais importantes da vida de Jesus, como atestado pelos evangelhos. Os evangelhos são eles mesmos baseados em histórias passadas adiante oralmente a partir das primeiras testemunhas e das pessoas que andaram com Jesus. Ainda há um debate em âmbito acadêmico a respeito da datação exata da redação dos evangelhos, mas o consenso é que tenham sido escritos entre 65 e 100, ou seja, mais de trinta anos depois da morte de Jesus. Ao mesmo tempo em que nos dão uma boa ideia do que Cristo fez e disse, devemos observar também que eles surgiram em uma comunidade de fé. O primeiro propósito dos evangelhos era expressar a crença dessa comunidade: a de que Jesus era o próprio Deus que se tornara humano, o Verbo feito carne (João 1:14). Não se trata de biografias absolutamente fiéis, no sentido moderno do termo. Muitos detalhes são registrados não apenas por uma questão de precisão histórica ou biográfica, mas porque representam uma verdade mais profunda sobre Jesus. Como Santo Tomás de Aquino afirma no início de sua grande *Summa* da fé cristã, as informações estão ali não só como forma de contar a história, mas também de revelar o mistério.

Às vezes, a parte mais importante de um relato dos evangelhos não é a narrativa externa e visível (que você teria visto se estivesse lá com uma câmera), mas a verdade interior e espiritual que a história revela. Por exemplo, quando ficamos sabendo que Jesus nasceu em Belém, o escritor do evangelho pretende nos fazer entender esse fato, primeiramente, como uma declaração a respeito do papel de Jesus como o Messias prometido — que, segundo as profecias, deveria nascer lá — e como o "pão da vida" oferecido a todos (Belém significa, literalmente, "casa do pão"), em vez de se limitar a fazer uma descrição geográfica sobre suas origens.

A palavra Messias significa "ungido" — a palavra grega é "Cristo". Ungir com óleo quer dizer que a pessoa foi escolhida por Deus para cumprir um propósito especial. No Antigo Testamento, reis eram ungidos como sinal de seu cargo público. Ambas as palavras se referem a uma expectativa muito difundida entre os judeus, baseada na profecia do Antigo Testamento segundo a qual Deus enviaria a eles o Messias, o ungido que salvaria Israel e, como algumas profecias parecem sugerir, seria também o sinal de Deus para a salvação de todo o mundo.

Quase todos os detalhes nos evangelhos possuem essa característica dinâmica, revelando o mistério à proporção que contam a história. Não se trata apenas de um detalhe superficial ou de algum histórico biográfico; é também uma pista que nos ajuda a responder a duas questões centrais: quem é esse homem? O que ele nos revela a respeito de Deus?

Jesus nasceu como judeu na Palestina ocupada pelo império romano. Os evangelhos se concentram principalmente no ministério e nos ensinamentos dos três últimos anos de vida de Jesus, em sua morte e na ressurreição. Dois dos quatro evangelhos também contêm relatos de seu nascimento. Essa história, tão conhecida e amada, revela, de modo narrativo, alguns dos mistérios mais profundos da fé cristã. Ela forneceu a base de algumas das mais ricas meditações e poesias nos séculos posteriores.

A tradição segundo a qual Jesus nasceu de uma virgem e foi concebido por ação do Espírito Santo (para saber mais sobre a compreensão cristã do Espírito Santo, veja nas páginas 39-40, 124-126) foi inicialmente entendida como o cumprimento da profecia do Antigo Testamento segundo a qual estaria provado que ele era o Messias prometido. Posteriormente, os cristãos gentios (não judeus) passaram a ver nisso a união, em Cristo, de todas as coisas, o encontro do céu e da terra na pessoa de Jesus. Ao mesmo tempo em que compreendiam esses significados mais profundos, a maioria dos cristãos também aceitavam os relatos da concepção virginal de Jesus como uma verdade tão literal quanto simbólica, um milagre que indicava um mistério. No entanto, algumas igrejas ocidentais sustentam que é possível aceitar a verdade do mistério sem crer literalmente no milagre.

Da mesma maneira, os relatos a respeito de Jesus sendo visitado, reconhecido e adorado primeiramente por pastores judeus humildes e, em seguida, por três homens sábios e não judeus do Oriente devem ser lidos pelos crentes cristãos tanto como história quanto como mistério. Os pastores o reconheceram como o "Pastor" de Israel; os sábios, como a fonte de toda a sabedoria; os reis o procuraram como o Rei dos reis. Ele é apresentado como o Senhor dos judeus, assim como dos gentios. E no contraste entre os reis que foram adorá-lo e Herodes, o governador invejoso que tentou destruí-lo, prefigura-se o conflito decisivo entre Jesus (que representava a autoridade de Deus) e Pilatos e Herodes (que representavam a autoridade política e eclesiástica usurpada pelo homem).

O outro elemento na história do nascimento de Jesus, que abrange um dos temas mais importantes de sua vida e de seu ministério, além de constituir matéria fundamental da fé cristã, está relacionado às circunstâncias humildes e perigosas nas quais ele foi dado à luz. Na história da longa jornada empreendida por sua mãe desde Nazaré até Belém, da falta de vagas na estalagem, de seu nascimento em um estábulo e da manjedoura transformada em berço podemos ver a primeira afirmação de um ensinamento cristão recorrente: Deus se identifica, de modo especial, com as pessoas mais simples e humildes. Os cristãos acreditam que, em Cristo, Deus expressa sua solidariedade com a humanidade no que ela tem de mais indigno e vulnerável. Tal percepção, presente nas histórias do nascimento de Jesus em um estábulo e seus primeiros anos como um refugiado sem teto, fugindo da perseguição política, recebeu forte ênfase teológica — direta e com alto potencial de influência — em uma das cartas de Paulo: "...embora sendo Deus, não considerou que o ser igual a Deus era algo a que devia apegar-se; mas esvaziou-se a si mesmo, vindo a ser servo, tornando-se semelhante aos homens" (Filipenses 2:6-7).

Os quatro evangelhos destacam a importância do batismo de Jesus no rio Jordão pelo profeta João

Batista. O batismo de Jesus por João era uma convocação ao povo de Israel para que se arrependesse e começasse tudo de novo em sua relação com Deus. Tal recomeço estava simbolizado no retorno ao Jordão. Foi esse o rio que os filhos de Israel atravessaram para entrar na "Terra Prometida", para colocar em prática o pacto que haviam estabelecido com Deus por intermédio de Moisés. A mensagem de João era: o povo havia quebrado o pacto por causa do pecado, por isso os filhos de Israel precisavam se arrepender para começar tudo novamente e restaurar o relacionamento. As pessoas deveriam emergir limpas do Jordão, do mesmo modo que seus ancestrais fizeram séculos antes, e só então estariam aptas para o dia (que ele acreditava ser iminente) em que Deus estabeleceria entre elas sua lei, o Reino dos Céus, por intermédio do Messias prometido, o Cristo.

Esse é o cenário para o momento dramático que abrem os evangelhos. As pessoas estão voltando para o Jordão, como pecadores arrependidos, para esperar pela convulsão a ser provocada com a chegada do rei e de seu reino na cidade de Jerusalém. No entanto, em vez disso, o Messias chega de maneira discreta, apresentando-se sem-cerimônias como mais um na multidão de pessoas que buscam ser batizadas. Em um momento de revelação, João o reconhece e fica maravilhado, declarando-se indigno de desatar as sandálias de Jesus, ainda mais de batizá-lo. Jesus, porém, insiste em que deve ser batizado.

O que isso significa? Mais uma vez, um simples evento externo revela muitas coisas a respeito da fé cristã. O batismo de Jesus e o reconhecimento que recebe como o Messias, por parte de João, dão início a seu ministério público. Em seguida, depois de um período preparatório de jejum e oração no deserto, ele convoca os discípulos. Isso também simboliza completa identificação e solidariedade com a humanidade. Embora o próprio Jesus não precise ser batizado, como João reconhece, ele é ritualmente purificado de todo pecado em nome de Israel e, como os cristãos passariam a crer depois, em nome de todos os seres humanos. O batismo de Jesus, como descrito nos evangelhos, também fornece o primeiro vislumbre (como os cristãos argumentariam mais adiante) de sua identidade como o Filho dentro de uma divindade trinitária, compreendida como o Pai, o Filho e o Espírito Santo. Os cristãos acreditam que podem conceber Deus como Pai, Filho e Espírito Santo — três pessoas que se relacionam em uma comunhão de amor e, ainda assim, um só Deus (veja nas páginas 124-126).

> Assim que saiu da água, Jesus viu o céu se abrindo, e o Espírito descendo como pomba sobre ele. Então veio dos céus uma voz: "Tu és o meu Filho amado; em ti me agrado". (Marcos 1:10-11)

Nessa passagem, os crentes podem ter um vislumbre do Pai, do Filho e do Espírito Santo revelados em um relacionamento singular e amoroso: o Filho indo ao Pai por meio das águas simbólicas do batismo; o Pai abrindo os céus para derramar seu amor sobre o Filho; e o Espírito Santo descendo entre eles como a essência daquele amor mútuo.

No fim dos evangelhos, Mateus descreve Jesus ensinando seu último mandamento aos discípulos: "Portanto, vão e façam discípulos de todas as nações, batizando-os em nome do Pai e do Filho e do Espírito Santo..." (Mateus 28:19). É dessa maneira que o evangelho mostra: sob a figura do batismo, com a revelação do amor perfeito e singular entre o Filho e o Pai. Ele conclui com um convite a toda a humanidade para que participe, por intermédio de Cristo, do mesmo relacionamento amoroso com Deus.

O evangelho de João, que fornece com frequência o significado oculto de eventos externos descritos nos outros três evangelhos, chamados sinóticos, prossegue para dizer que, "aos que o receberam [...] deu-lhes o direito de se tornarem filhos de Deus" (João 1:12).

Estudos dos quatro evangelhos revelam que há muito em comum entre Mateus, Marcos e Lucas. Ao analisá-los sob uma perspectiva sinótica (um em comparação com o outro), os estudiosos chegaram à conclusão de que os três certamente se valeram da mesma fonte, possivelmente escrita, assim como tiveram acesso a várias sequências de histórias transmitidas oralmente. Cada redator/compilador do evangelho, por sua vez, ajustou o material de que dispunha com o objetivo de enfatizar alguma coisa. Mateus destaca, de modo especial, as raízes judaicas de Jesus; Lucas se concentra no ministério de Cristo com as pessoas à margem da sociedade — os proscritos, as mulheres e os gentios; Marcos focaliza o grande poder e a acessibilidade dos milagres, contrastando-os com a Paixão ou o sofrimento passivo que Jesus experimenta depois de ser preso. João começa com uma afirmação da preexistência da vida de Cristo em Deus: "No princípio era aquele que é a Palavra. Ele estava com Deus, e era Deus" (João 1:1).

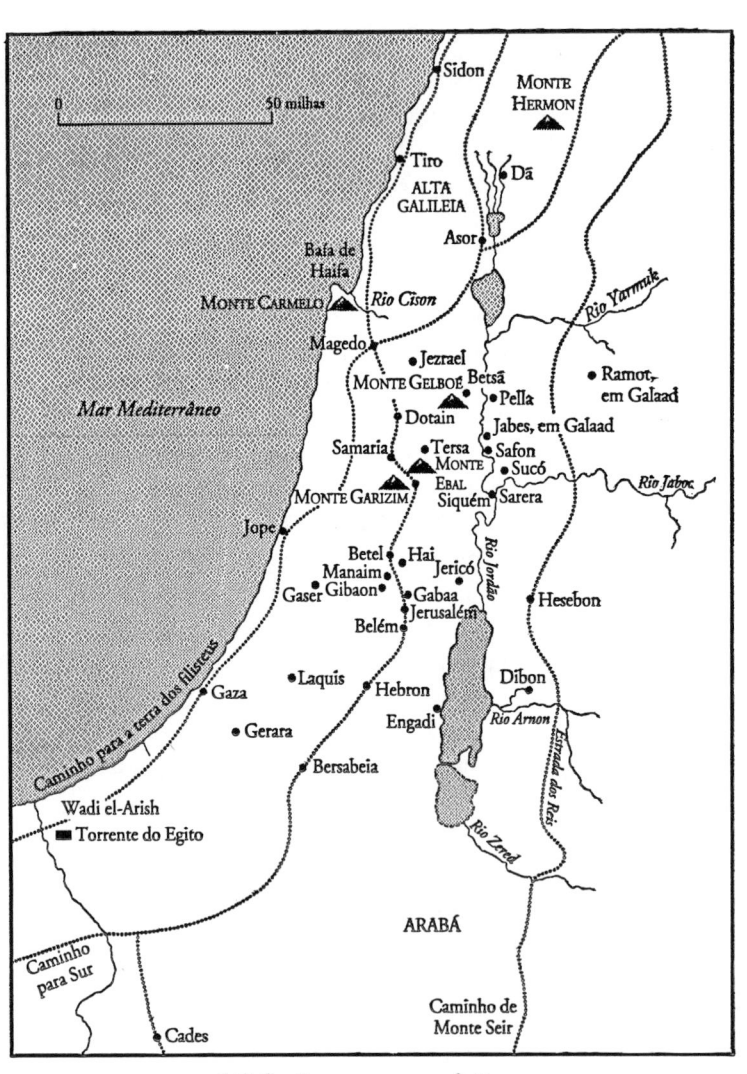

A Palestina no tempo de Jesus

Entre o batismo (que revela esse relacionamento singular com o Pai) e o mandamento dado após a ressurreição, de que todos os seres humanos estão convidados a entrar nesse relacionamento, nascidos de novo como filhos de Deus, estão localizados os ensinamentos de Jesus, seu ministério de cura e, acima de tudo, sua morte e ressurreição. Os cristãos acreditam que, por meio desses eventos, Cristo construiu uma ponte sobre o vão entre o céu e a terra, restaurou o relacionamento interrompido entre Deus e a humanidade e tornou possível a todos referir-se a Deus como "Pai nosso", tal como Jesus fez. (O significado do Pai Nosso é abordado de maneira mais completa no capítulo 5.)

Ao batismo de Jesus seguiu-se um período de três anos de ministério público: ensinamento, cura e convocação das pessoas para que se voltassem a Deus. Durante esse tempo, ele nunca viajou mais de 150 quilômetros, ou algo assim, além da cidade onde foi criado, Nazaré. Jesus começou sua missão às margens do lago da Galileia, bem longe dos centros de poderes religioso e político, localizados em Jerusalém e Roma. Em seguida, viajou através de Samaria e desceu até o sul da Judeia, Betânia e a própria cidade de Jerusalém.

Esta é o cenário da última e dramática semana que antecede a crucificação de Jesus, quando o conflito criado entre ele e as autoridades religiosas da época chega ao ponto culminante. No próximo capítulo, trataremos do teor dos ensinamentos de Cristo naquele período. Aqui analisaremos alguns dos eventos registrados, que apresentam o contexto dos ensinamentos de Jesus e a relevância que possuem na busca pela resposta à grande questão proposta pelos evangelhos: quem é esse homem?

Os evangelhos registram que, imediatamente depois do batismo, Jesus "foi levado pelo Espírito ao deserto, para ser tentado pelo Diabo" (Mateus 4:1).

O QUE OS CRISTÃOS QUEREM DIZER COM "O DIABO"?

Jesus faz muitas referências a uma figura conhecida de diversas maneiras: o Diabo, Satanás, Belzebu, "o príncipe deste mundo". Os judeus da época acreditavam na existência dos demônios, seres espiritualmente impuros que se opunham à lei de Deus. A autoridade que Jesus possuía de expulsar esses demônios foi considerada uma prova de que se tratava do Messias, do Ungido de Deus. Mais tarde, na teologia cristã, o Diabo ou Satanás (que significa "o acusador") passa a ser reconhecido como um anjo de Deus, criado originariamente para ser bom, mas que *caiu* da graça nos céus e tentou, por meio de enganos, perverter e corromper a humanidade, embora ele e os demais *anjos caídos* tenham sido definitivamente derrotados por Jesus na cruz, sem qualquer possibilidade de triunfar. Os cristãos de nossos dias se dividem entre os que acreditam que o Diabo é uma entidade que existe de fato, tentando e induzindo o mundo ao mal, e aqueles que creem se tratar de uma personificação simbólica da maldade intrínseca a todos os seres humanos caídos. (Voltaremos a abordar a questão do pecado original nas páginas 99-101.)

As tentações se concentraram na questão de quem era Jesus e que tipo de autoridade, ou governo real, ele deveria exercer. Ele é tentado a realizar milagres para satisfazer finalidades pessoais, a dar uma demonstração de seu poder miraculoso para se engrandecer e, finalmente, a abrir mão de seu amor e sua obediência a Deus em troca de um poder secular sem limites. Jesus rejeita todas essas tentações, deixando claro que sua compreensão do que significa ser o Messias não tem relação alguma com a reivindicação de um reino temporal. No entanto, pelo fato de Israel, naquela época, estar sob ocupação romana, havia uma forte esperança entre os judeus de que a vinda do verdadeiro Messias sinalizaria uma violenta sublevação contra os dominadores romanos e sua marionete, o rei Herodes. Muitos esperavam pelo estabelecimento do Reino de Deus como uma realidade política e nacional, no verdadeiro território de Israel — um reino perfeito e justo, governado pessoalmente pelo representante ungido do Deus de Israel. Diante dessas expectativas, qualquer pessoa que reivindicasse ser o Messias atrairia atenção política e religiosa; seria objeto de devoção e esperança, se tais reivindicações provassem ser autênticas, ou de execração e desprezo, caso se revelassem falsas.

Logo depois de sair de seu período de intensa provação e oração no deserto, Jesus parecia ter aceitado o fato de ser o Messias, mas o verdadeiro significado de seu papel messiânico passou por um processo radical de redefinição. Sua primeira iniciativa foi criar uma comunidade. Ao convocar doze discípulos, ele estava reconstruindo, simbolicamente, o reino de Israel, com suas doze tribos que descendiam diretamente do próprio Israel.

É interessante notar que as doze pessoas a quem Jesus chamou para segui-lo não foram selecionadas dentro de uma casta sacerdotal especial, tampouco entre os membros racialmente puros de cada tribo. Em vez disso, tratava-se de gente comum dos povoados de sua Galileia natal. Pedro, Tiago e João eram pescadores. Alguns dos doze, como Mateus, longe de serem puristas zelosos da causa antirromana, chegavam a colaborar com o regime. Da mesma forma (principalmente considerando a época e o contexto), Jesus convocou mulheres entre seus seguidores, embora culturas patriarcais cristãs posteriores viessem a questionar se elas deveriam ou não receber o status de discípulas ou "apóstolas" (aquelas que são enviadas). Entre essas mulheres, Maria e sua irmã Marta, além de Maria Madalena, são mencionadas nos evangelhos e desempenham um papel muito importante.

A nova comunidade que Jesus estava criando testemunharia seus ensinamentos poderosos, assim como uma série de milagres que ele realizou.

> Jesus foi por toda a Galileia, ensinando nas sinagogas, pregando as boas-novas do Reino e curando todas as enfermidades e doenças entre o povo. Notícias sobre ele se espalharam por toda a Síria, e o povo lhe trouxe todos os que estavam padecendo vários males e tormentos [...] e ele os curou. Grandes multidões o seguiam... (Mateus 4:23-25)

Esses milagres foram entendidos como atos de compaixão divina manifestados por intermédio de Jesus — sinais da verdadeira identidade de Cristo. Eles eram sempre acompanhados da proclamação que constituía o cerne da missão de Jesus, a mesma que João Batista fizera: "Arrependam-se, pois o Reino dos céus está próximo." É o mesmo que dizer: parem, deem meia-volta e comecem de novo, pois o Deus que vocês acreditavam estar distante e do qual haviam se separado está bem perto. Ele está convocando vocês a fazer parte de seu Reino e se tornar seu povo novamente. Essa era a mensagem que o verdadeiro Messias deveria pregar, pois se acreditava que o próprio Messias inauguraria esse Reino.

Por estarem diretamente ligados aos ensinamentos sobre o Reino, os milagres apresentavam, de modo categórico, a questão da identidade de Jesus como o Messias. No início do ministério de Cristo, esses milagres levaram tanto à sua identificação como o Messias, por parte dos que criam, quanto à acusações de blasfêmia levantadas por aqueles que rejeitavam tal reivindicação. Assim, no início do ministério de Jesus, por exemplo, o evangelho de Marcos registra a cura de um paralítico, mas dedica um interesse muito maior no dom interior do perdão e da restauração do que na manifestação externa da cura espiritual.

> Vieram alguns homens, trazendo-lhe um paralítico, carregado por quatro deles. Não podendo levá-lo até Jesus, por causa da multidão, removeram parte da cobertura do lugar onde Jesus estava e, pela abertura no teto, baixaram a maca em que estava deitado o paralítico. Vendo a fé que eles tinham, Jesus disse ao paralítico: "Filho, os seus pecados estão perdoados." Estavam sentados ali alguns mestres da lei, raciocinando em seu íntimo:

"Por que esse homem fala assim? Está blasfemando! Quem pode perdoar pecados, a não ser somente Deus?" Jesus percebeu logo em seu espírito que era isso que eles estavam pensando e lhes disse: "Por que vocês estão remoendo essas coisas em seu coração? Que é mais fácil dizer ao paralítico: os seus pecados estão perdoados ou: levante-se, pegue a sua maca e ande? Mas, para que vocês saibam que o Filho do homem tem na terra autoridade para perdoar pecados" — disse ao paralítico — "eu lhe digo: levante-se, pegue a sua maca e vá para casa". Ele se levantou, pegou a maca e saiu à vista de todos, que, atônitos, glorificaram a Deus, dizendo: "Nunca vimos nada igual!" (Marcos 2:3-12)

Quem pode perdoar pecados, a não ser o próprio Deus? Esta é a questão-chave. Para os críticos de Jesus, tratava-se de uma blasfêmia; para os primeiros discípulos, era um sinal de que ele tinha de ser o Messias, o emissário humano de Deus, a quem tal autoridade de perdoar pecados havia sido delegada. Para os cristãos posteriores, que criam em Jesus não apenas como o Messias de Deus prometido, mas também como o próprio Deus encarnado, a pergunta: "Quem pode perdoar pecados, a não ser somente Deus?" tinha uma resposta bem clara: ninguém, além do próprio Deus, pode perdoar pecados; portanto, é mesmo o próprio Deus entre nós, em Jesus, quem está fazendo isso. Como São Paulo diria depois, "Deus em Cristo estava reconciliando consigo o mundo..." (2 Coríntios 5:19).

Da mesma forma, todos os vários "milagres naturais" registrados nos evangelhos (Jesus acalmando a tempestade, caminhando sobre as águas, multiplicando os pães e peixes e transformando a água em vinho) possuem essa característica de revelar significados ocultos. Eles associam Jesus às profecias do Antigo Testamento e à expectativa do Messias, mas também conferem a ele uma autoridade criativa e um poder sobre a natureza que só poderiam ser atribuídos ao próprio Deus. Um após o outro, os milagres levantam a questão: quem é esse homem?

Alguns comentaristas modernos tendem a racionalizar ou desmistificar a narrativa do evangelho de modo a adequá-la ao materialismo científico ocidental. Eles encaram esses milagres primordialmente como símbolos ilustrativos da identidade de Jesus, episódios alegóricos que não aconteceram necessariamente da maneira como foram descritos. Mas muitos cristãos consideram os milagres como fatos históricos de caráter simbólico, e sua historicidade é vista como um sinal do envolvimento ativo de Deus com sua criação.

Aos poucos, os discípulos de Jesus passaram a crer que ele era, de fato, o Messias, o Ungido e Escolhido. Mas, ao mesmo tempo, foram ensinados por Jesus que as "boas-novas" de seu reino eram mais radicais e difíceis de serem alcançadas do que haviam imaginado. Esse reino não poderia se limitar às parcas expectativas de um reinado temporário resumido apenas a um reino terreno ou à simples destituição de um sistema político. O estabelecimento do Reino de Deus seria mais incomum e difícil de ser alcançado do que qualquer mera insurreição contra os romanos. Mas por causa da forte expectativa que se nutria na época pela vinda de um Messias que lideraria a rebelião nacionalista, havia o perigo real de uma interpretação equivocada, segundo a qual Jesus foi identificado como o Messias, no sentido popular do termo, antes de demonstrar a verdadeira natureza de seu ministério. Por essa razão, há registros frequentes nos quais ele recomenda àqueles a quem curou que não contem a ninguém sobre o milagre (por exemplo, cf. Mateus 8:3-5).

Para Jesus, os milagres eram tanto atos de compaixão quanto formas de ensinar sobre quem ele era e o que queria dizer ao reivindicar para si a identidade do Messias. Em certos casos, seus discípulos levariam muitos anos de oração e experiência para assimilar esse significado. Essa descoberta seria, em seguida, entretecida no modo como as histórias foram passadas adiante por meio da tradição oral e, com o tempo, também pela forma escrita. Dois exemplos de milagres relatados cujos significados verdadeiros não poderiam ter sido apreendidos na época em que aconteceram são a transformação da água em vinho e a alimentação das cinco mil pessoas. Ambos são descritos como tendo acontecido logo no início do ministério de Jesus, mas seu significado mais profundo só foi revelado depois da Última Ceia, quando Jesus identificou seu sangue com o vinho e seu corpo com o pão. Nessa reunião, Cristo falou sobre um novo pacto, restabelecido durante a Santa Comunhão (Santa Ceia, Eucaristia ou Ceia do Senhor): um ritual central e bem definido da nova Igreja. (Veja o capítulo 6, "O que fazem os cristãos?")

Todos os evangelhos atestam que Jesus se viu em conflito com as autoridades desde os primeiros tempos de seu ministério público, uma luta que, no Evangelho de Mateus, é prefigurada na história segundo a qual, mesmo durante a infância de Jesus, o rei Herodes havia tentado matá-lo. No cerne desse conflito estava a questão da autoridade. Por diversas vezes, os evangelhos declaram que Jesus ensinava e agia "como quem tem autoridade..." (Mateus 7:29; Marcos 1:22). Aqueles que se consideravam em posição de poder e procuravam sustentá-la queriam saber "com que autoridade" Jesus ensinava.

Um foco anterior desse conflito foi a interpretação que Jesus fez da Torá, a Lei de Moisés. Jesus respeitou a Torá e disse que viera para cumpri-la, mas também a interpretou de uma maneira que desafiava o legalismo estrito de grupos emergentes, como o dos fariseus. Os fariseus representavam uma escola distinta de pensamento dentro do judaísmo, com ênfase especial na importância de se guardar a lei da Torá de modo tão rígido e exato quanto fosse possível. Tratava-se de uma organização em âmbito nacional, com um número elevado de grupos locais capazes de exercer autêntica pressão política. Havia cerca de seis mil fariseus militantes devidamente organizados no tempo de Jesus. Antes de sua conversão ao cristianismo, São Paulo era um fariseu. Já vimos como Jesus fez da cura do paralítico um sinal de que "o Filho do homem tem na terra autoridade para perdoar pecados..." (Marcos 2:10). Quase imediatamente depois, o mesmo evangelho registra um conflito sobre a guarda do sábado. Os fariseus eram muito rígidos sobre guardar o sábado como um dia completo de descanso, no qual nenhum trabalho, qualquer fosse sua natureza, poderia ser realizado, ao passo que, para Jesus, o princípio do amor e da compaixão deveria orientar todo tipo de interpretação da Lei e dos códigos religiosos. Ele deixa isso claro ao curar um homem no sábado:

> Noutra ocasião ele entrou na sinagoga, e estava ali um homem com uma das mãos atrofiada. Alguns deles estavam procurando um motivo para acusar Jesus; por isso o observavam atentamente, para ver se ele iria curá-lo no sábado. Jesus disse ao homem da mão atrofiada: "Levante-se e venha para o meio." Depois Jesus lhes perguntou: "O que é permitido fazer no sábado: o bem ou o mal, salvar a vida ou matar?" Mas eles permaneceram em silêncio. Irado, olhou para os que estavam à sua volta e, profundamente entristecido por causa do coração endurecido deles, disse ao homem: "Estenda a mão." Ele a estendeu, e ela foi restaurada. Então os fariseus saíram e começaram a conspirar com os herodianos contra Jesus, sobre como poderiam matá-lo. (Marcos 3:1-6)

Esses assuntos caracterizaram não apenas o restante do ministério de Jesus, como também toda a história subsequente do cristianismo. Jesus confronta a própria tradição religiosa que, como a mão do homem, havia se tornado seca e sem vida. No âmago da Lei e das tradições, incluindo o estabelecimento do sábado, ele discerne a compaixão divina pela humanidade e seu mandamento de amor. Segundo Jesus, é isso que constitui a verdadeira vida da religião; sem isso, ela seca até se transformar em legalismo arrogante e jogos de poder. Ao quebrar a lei do sábado para curar a mão atrofiada, ele estava procurando restaurar o propósito original de uma Lei ressequida. O tempo todo, Cristo desafia o exterior a restaurar o interior, e a letra da Lei a restaurar o espírito. Nos atuais debates entre os cristãos sobre a ordenação de mulheres e o posicionamento em relação à homossexualidade, assim como em discussões antigas a respeito da escravidão, as mesmas questões estão em jogo. Ao longo da história da Igreja, a letra das leis e das tradições é desafiada em nome e pelo espírito de seu fundador.

Os planos para destruir Jesus, aos quais o evangelho de Marcos se refere desde o início, são postos a termo na visita final que Cristo faz a Jerusalém, e particularmente durante os eventos que marcam sua última semana de vida. Esses acontecimentos são narrados em todos os quatro evangelhos, enaltecidos na subsequente liturgia cristã (ou seja, nas formas de adoração usadas pela Igreja) e relembrados durante a celebração da Semana Santa.

O evento que marca o início da confrontação em Jerusalém que levaria à prisão e à crucificação de Jesus foi sua entrada "triunfal" na cidade, montado em um jumento e acompanhado de uma multidão que o saúda como "o filho de Davi" e "aquele que vem em nome do Senhor". Aquilo tinha dois significados: a aceitação pública e provocadora do papel de Messias e a apropriação desse conceito. Se ele tivesse entrado em Jerusalém montado sobre um cavalo de guerra, isso seria um sinal de rebelião. Ao escolher um jumento, Jesus optou por trazer à lembrança e cumprir a antiga profecia presente nos livros de Isaías e Zacarias, segundo a qual o verdadeiro Rei viria a seu povo em humildade.

Tendo entrado na cidade, Jesus foi ao templo, o centro de poder religioso, para cumprir o ato simbólico a que os cristãos se refeririam posteriormente como "a purificação do templo".

> Jesus entrou no templo e expulsou todos os que ali estavam comprando e vendendo. Derrubou as mesas dos cambistas e as cadeiras dos que vendiam pombas, e lhes disse: "Está escrito: 'A minha casa será chamada casa de oração'; mas vocês estão fazendo dela um covil de ladrões." (Mateus 21:12-13)

Em tese, o papel dos cambistas era o de proteger a santidade do templo, certificando-se de que nenhum dinheiro pagão impuro o maculasse, mas esse exagero na manutenção da lei da pureza criou uma barreira de ordem econômica e psicológica entre Deus e seu povo. Ao derrubar essa barreira, Jesus estava expressando, em termos simbólicos, a restauração do livre acesso ao coração de Deus. Da mesma forma, aquele tipo de atitude praticamente garantia que as pessoas cuja autoridade Cristo desafiava tão abertamente procurariam destruí-lo.

A partir daquele momento, as narrativas dos evangelhos são marcadas pela sensação de que o fim está se aproximando, mas, ao mesmo tempo, oferecem pistas e promessas de ressurreição. É nesse contexto que Jesus oferece aos discípulos seu mais poderoso ensinamento relacionado ao amor, ao serviço e ao autossacrifício. Parte desse ensino está presente em discursos públicos no templo, no modo como desafia as autoridades, e outra parte é revelada no cenário íntimo da Última Ceia, com os discípulos. Esse evento-chave, ocorrido na quinta-feira daquela semana, a mesma noite em que Jesus foi traído e preso, é entendido pelos cristãos como sendo a inauguração do ritual mais importante e formativo da identidade do cristianismo: a Santa Ceia. A Ceia recebe ênfases variadas nos diversos ramos do cristianismo (veja nas páginas 128-130), mas todos os fiéis concordam que ela é fundamental na compreensão e na memória de sua fé.

Como todos os demais eventos narrados nos evangelhos, a Última Ceia repercute em vários níveis. É tanto história quanto mistério. Jesus e seus discípulos haviam se dirigido a Jerusalém para festejar a Páscoa judaica. Os evangelhos diferem quanto ao fato de a Última Ceia ser ou não a própria refeição da Páscoa, mas é significativo que a grande refeição memorial do cristianismo, que simboliza e estabelece um novo pacto entre Deus e a humanidade, tenha sido realizada pela primeira vez no contexto da Páscoa, que remete ao pacto entre Deus e Israel no Antigo Testamento.

A importância daquela ceia para as gerações posteriores de cristãos é discutida mais adiante neste livro. No entanto, fica bem claro que, ao se referir ao pão partido como seu corpo e ao vinho derramado como seu sangue, Jesus não estava apenas profetizando a morte violenta que sofreria, mas também sugeria que essa morte teria um propósito e um significado. Esse significado, tal como o próprio ritual da Ceia, incluiria perdão e restauração do amor entre Deus e a humanidade e entre as pessoas que constituem o povo de Deus. Ao se referir ao vinho como "meu sangue da aliança, que é derramado em favor de muitos, para o perdão de pecados" (Mateus 26:28), Jesus poderia estar interpretando sua morte iminente a partir da associação da própria vida com a dos cordeiros sacrificados na Páscoa. Esse sacrifício remetia à história narrada no livro de Êxodo: foi o sangue de cordeiros, espargido como um sinal nos umbrais das portas, que permitiu aos filhos de Israel serem poupados durante a passagem do anjo da morte pelo Egito. É também por esse motivo que João Batista declara que Jesus é o "Cordeiro de Deus". Trata-se de uma informação crucial para a compreensão do que aconteceria imediatamente depois daquela ceia (a traição, a prisão, o julgamento e a crucificação de Jesus), pois apresenta esses acontecimentos como o cumprimento da vontade de Deus — legitimando, portanto, a reivindicação de Cristo, que declara ser o Messias.

Por maiores que fossem as diferenças entre os discípulos de Jesus (os quais acreditavam ser ele o Messias) e as autoridades religiosas (que rejeitavam tal reivindicação), todos eram judeus ortodoxos que criam na atuação de Deus na própria trama da História, interferindo diretamente nas coisas que aconteciam com seu povo. No cerne da prisão e do julgamento de Jesus estava a seguinte ideia: a verdade daquilo que ele reivindicava (ser o agente ou emissário especial de Deus) ou sua identificação com o próprio Deus, de alguma maneira íntima ou misteriosa, seria posta à prova pelos fatos. Se ele era mesmo o Filho de Deus ou o Messias, então Deus o defenderia. Deus não permitira que o Messias recebesse uma acusação falsa e fosse executado pelos próprios sacerdotes cuja função era preparar o mundo para sua chegada. Ele interviria ou enviaria algum sinal. Essa é a lógica do julgamento de Jesus, explícita nos últimos clamores a ele dirigidos: "Desça da cruz, se é Filho de Deus!"

Os acusadores de Jesus estavam trabalhando sobre a presunção de que o Messias seria um personagem poderoso, não uma figura fraca. O fato de Jesus ser preso e se submeter humildemente e em silêncio aos tormentos que lhe eram impostos já conspirava contra ele, e sua crucificação pública degradante em um lugar impuro e rejeitado, ritualmente falando, fechava a questão. Se ele fosse quem dizia ser, Deus o teria resgatado e vindicado. A história sobre o caminho de Emaús deixa claro que até mesmo alguns dos discípulos de Jesus estavam inclinados a fazer essa leitura dos acontecimentos (veja nas páginas 71-72).

Se a história terminasse com a morte desonrosa de Jesus, seus discípulos seriam obrigados, com o tempo, a aceitar o fato de que haviam sido enganados por um falso Messias. Por essa razão, tudo muda com a ressurreição. É à luz da crença de que Deus reivindicou Jesus de modo absoluto e inequívoco ao ressuscitá-lo dentre os mortos que todos os documentos cristãos a respeito da vida de Cristo foram escritos. Se Deus o ressuscitou, então a morte em si também deveria ter um significado. Em vez de significar que Jesus havia sido rejeitado por Deus, como os escribas e os fariseus pensavam, os cristãos passaram a crer que a crucificação estava no centro dos planos e dos propósitos de Deus para a humanidade.

À luz da ressurreição, a crucificação era encarada como uma forma de Deus se identificar com a humanidade em meio à rejeição e à marginalização; um modo de ele se solidarizar com todos quantos estão, como Jesus esteve, sob julgamento. Os cristãos começam a enxergar a cruz como o caminho que perpassa e ultrapassa o julgamento, o segredo para o perdão e o amor restaurado. Por essa razão, os evangelhos registram e enfatizam as palavras de Jesus que antecipavam essa compreensão, mostrando como ele mesmo via a cruz como o cumprimento dos propósitos de amor do Pai para o mundo. Assim, Marcos afirma que Jesus, antes de tomar a estrada que o levaria com os discípulos a Jerusalém, declarou: "Pois nem mesmo o Filho do homem veio para ser servido, mas para servir e dar a sua vida em resgate por muitos" (Marcos 10:45). João registra uma afirmação de Jesus, proferida logo no início de seu ministério, e que constitui uma das passagens mais frequentemente citadas nas Escrituras cristãs: "Porque Deus tanto amou o mundo que deu o seu Filho unigênito, para que todo o que nele crer não pereça, mas tenha a vida eterna" (João 3:16).

Consequentemente, os cristãos leem os relatos dos evangelhos como a narrativa dos eventos que, aos olhos do mundo, pareceram um enorme desastre, mas, para a comunidade cristã, marcaram o início de um novo pacto entre Deus e a humanidade. A condenação, a agonia e a morte de Jesus foram entendidas como um marco que mudou a História. Por causa e intermédio desses eventos, uma humanidade perdida e condenada foi descoberta, perdoada e restaurada em um relacionamento de amor com Deus. Tudo isso é, em certo sentido, prefigurado na Última Ceia, a refeição do pacto, que assume um novo e vital significado quando considerada à luz da morte e da ressurreição de Jesus.

Depois da Última Ceia, Jesus conduziu seus discípulos a um jardim no Getsêmani, onde ele iniciou um período de intensa oração, durante o qual confrontou as trevas e o terror da morte sob tortura pela qual teria de passar. Na narrativa, Jesus revela a Deus seu desejo natural humano de evitar aquele sofrimento, mas conclui sua oração desta maneira: "...não seja como eu quero, mas sim como tu queres". Os cristãos passaram a crer que, ao se render completamente à vontade do

Pai, ele estava prestando obediência perfeita a Deus em favor de toda a humanidade como parte de sua missão de reconciliar o mundo com Deus em amor. (Leia sobre a questão da expiação nas páginas 100-105).

Depois desse período de oração, as narrativas evangélicas prosseguem e descrevem a prisão, o julgamento e a execução de Jesus. Em todos os diversos julgamentos pelos quais passou — diante de Caifás, que representava a autoridade religiosa sacerdotal; diante de Herodes, representante do Estado judaico, marionete de Roma; e diante de Pilatos, que representava a autoridade dos dominadores romanos, o único que poderia autorizar a pena de morte —, foi levantada a questão de quem Jesus era ou reivindicava ser. O relato de Mateus evidencia a questão que estava em jogo:

> O sumo sacerdote lhe disse: "Exijo que você jure pelo Deus vivo: se você é o Cristo, o Filho de Deus, diga-nos." "Tu mesmo o disseste", respondeu Jesus. "Mas eu digo a todos vós: Chegará o dia em que vereis o Filho do homem assentado à direita do Poderoso e vindo sobre as nuvens do céu." Foi quando o sumo sacerdote rasgou as próprias vestes e disse: "Blasfemou! Por que precisamos de mais testemunhas? Vocês acabaram de ouvir a blasfêmia."
> (Mateus 26:62-65)

Em seguida, Jesus é enviado a comparecer diante de Pôncio Pilatos, o governador romano, para receber a sentença. Os relatos dos evangelhos deixam claro que Pilatos se sentiu pouco à vontade com o caso, mas concordou com a execução de Jesus por uma questão de conveniência política, temendo que uma eventual leniência fosse interpretada por seus superiores como incapacidade de lidar com atos de insurreição (João 19:12). Depois de açoitar Jesus, Pilatos ordenou que ele fosse crucificado, uma forma de execução criada para inspirar medo e aversão entre a população de judeus, os quais acreditavam que morrer suspenso entre o céu e a terra era uma maneira de ser particularmente amaldiçoado.

O local da execução, o Gólgota, "lugar da caveira", foi escolhido por ser uma elevação de Jerusalém extramuros onde ficava a escória de uma sociedade cuja observância religiosa central envolvia limpeza e pureza rigorosas. Tratava-se de um lugar da mais completa execração. Os chefes religiosos consideraram aquele lugar adequado para o fim das supostas pretensões blasfemas de Jesus de ser o Filho de Deus e o Messias escolhido. Os crentes cristãos passaram a ver aquilo como o sinal definitivo do amor de Deus, que se esvaziou para resgatar a humanidade — ele seguiria a humanidade até a fossa da corrupção, compartilharia o pior e o mais maldito dos sofrimentos e nos perdoaria mesmo ali. Por essa razão, é matéria que envolve tanto a história quanto o mistério da fé cristã o fato de Jesus ter sido crucificado entre dois criminosos condenados, e que tivesse palavras de perdão nos lábios conforme os cravos afundavam em sua carne: "...ali o crucificaram com os criminosos, um à sua direita e o outro à sua esquerda. Jesus disse: 'Pai, perdoa-lhes, pois não sabem o que estão fazendo.'" (Lucas 23:33-34).

Assim como a última semana de sua vida começara com a demolição de uma barreira no pátio externo do templo, o momento de sua morte estava ligado a um acontecimento simbólico no templo: "Mas Jesus, com um alto brado, expirou. E o véu do santuário rasgou-se em duas partes, de alto a baixo" (Marcos 15:37-38).

Aquele véu ou cortina ficava entre o pátio interno e o *sanctus sanctorum*, o lugar santíssimo, área interna que continha a Arca do Concerto, baú sagrado no qual se acreditava estar guardada a cópia da Lei dada diretamente a Moisés por Deus. Por isso, representava o próprio lugar de habitação do Criador. O santuário interno era isolado por meio de uma cortina, e somente o sumo sacerdote podia entrar nele uma vez por ano, no Dia da Expiação. Ele atravessava o véu ostentando o sangue de um sacrifício no corpo e carregando, bordados em sua roupa, os nomes de todas as tribos de Israel.

Ao nos revelar que esse véu foi rasgado em dois no momento da morte de Cristo, os redatores dos evangelhos o estavam identificando como um autêntico sumo sacerdote. Eles sugeriam que a morte de Jesus, em vez de ser uma evidência de sua maldição e rejeição por parte de Deus, era, na verdade, o cumprimento de todos os antigos rituais do templo — não em suas formas obscuras de simbolismo, mas na própria carne de Jesus. A morte de Cristo eliminou o véu que pendia entre Deus e a humanidade; ele estava levando o mundo perdido, pelo qual morrera, de volta ao coração do Pai.

Todos os quatro evangelhos são repletos de detalhes circunstanciais sobre como Jesus foi tirado da cruz e sepultado. Isso acontece porque os redatores tinham a noção de que as declarações que faziam a respeito de Jesus eram baseadas na afirmação de que Deus o havia ressuscitado dentre os mortos.

Tendo perfurado Jesus na altura do coração para garantir que estivesse morto, eles o retiraram da cruz e o sepultaram em uma tumba lavrada na rocha, cuja entrada foi selada com uma enorme pedra. Normalmente, haveria um período de tempo anterior ao sepultamento, durante o qual as pessoas o pranteariam, ungindo seu corpo. Isso não seria possível, pois Jesus morreu na véspera do sábado, dia em que todo trabalho era proibido.

Os evangelhos relatam que bem cedo, no primeiro dia da semana (o dia que se tornaria o domingo para as gerações posteriores de cristãos), três mulheres entre os discípulos de Jesus foram até a sepultura na rocha com o objetivo de ungir o corpo dele, o que deveria ter acontecido antes do sepultamento. "...perguntando umas às outras: 'Quem removerá para nós a pedra da entrada do sepulcro?' Mas, quando foram verificar, viram que a pedra, que era muito grande, havia sido removida" (Marcos 16:3-4).

Elas descobriram que a tumba estava vazia, e tiveram uma visão de anjos que disseram: "'Não tenham medo. Vocês estão procurando Jesus, o Nazareno, que foi crucificado. Ele ressuscitou! Não está aqui. Vejam o lugar onde o haviam posto" (Marcos 16:6).

Os evangelhos relatam uma série de encontros entre os discípulos e o Jesus ressurreto. Às vezes, ele aparece a eles individualmente, como aconteceu com Maria Madalena; em outras oportunidades, ele se revela a um grupo de pessoas reunidas. Jesus surge no meio de uma sala trancada, mas insiste em mostrar que ressuscitara no corpo, convidando Tomé (que havia duvidado da ressurreição de Cristo) a tocar suas feridas. Em mais de uma ocasião, ele compartilha uma refeição com os discípulos. Os evangelhos deixam claro que não são encontros dos discípulos com um fantasma. Os redatores acreditavam que Jesus ressuscitara fisicamente e que a sepultura estava vazia. No entanto, também esclarecem que seu corpo ressuscitado era, em certo sentido, "glorificado", não sujeito às mesmas restrições dos corpos mortais.

Histórias de encontros com o Cristo ressurreto não se limitam aos quatro evangelhos. Um dos mais significativos de todos ocorreu entre Jesus e Paulo, um fariseu zeloso que, até então, cria que Cristo era um blasfemo que recebera o que merecia. Esse episódio na estrada para Damasco mudou a vida de Paulo e determinou o curso da história cristã (veja nas páginas 77-83). O próprio Paulo menciona esse evento como o último item de uma lista de aparições de Cristo posteriores à ressurreição, registrada em uma carta escrita, provavelmente, antes que os relatos dos evangelhos fossem compilados. O texto dessa carta contém o que os acadêmicos acreditam ser o primeiro credo cristão:

> Pois o que primeiramente lhes transmiti foi o que recebi: que Cristo morreu pelos nossos pecados, segundo as Escrituras, foi sepultado e ressuscitou no terceiro dia, segundo as Escrituras, e apareceu a Pedro e depois aos Doze. Depois disso apareceu a mais de quinhentos irmãos de uma só vez, a maioria dos quais ainda vive, embora alguns já tenham adormecido. Depois apareceu a Tiago e, então, a todos os apóstolos; depois destes apareceu também a mim, como a um que nasceu fora de tempo. Pois sou o menor dos apóstolos e nem sequer mereço ser chamado apóstolo, porque persegui a igreja de Deus. (1 Coríntios 15:3-9)

Ainda que fossem diferentes na forma, todos esses encontros produziram um efeito similar: as dúvidas, o desalento e a tristeza de discípulos como Tomé, Pedro e Maria Madalena desapareceram. Jesus cuidou deles, restaurando o senso de propósito e enviando-os ao mundo para dar continuidade à sua obra, anunciando a reconciliação de Deus com a humanidade. Tais encontros também agregam um grande paradoxo, com o qual a Igreja convive desde aquela época, sobre a natureza da presença contínua de Jesus depois da ressurreição. Por um lado, ele promete estar sempre com seus discípulos: "E eu estarei sempre com vocês, até o fim dos tempos" (Mateus 28:20; essas são as palavras que encerram o Evangelho de Mateus).

Por outro lado, ele fala sobre sua partida, sobre subir aos céus para estar com o Pai, uma ascensão descrita no fim do Evangelho de Lucas e repetida no início do livro de Atos dos Apóstolos:

> Tendo-os levado até as proximidades de Betânia, Jesus ergueu as mãos e os abençoou. Estando ainda a abençoá-los, ele os deixou e foi elevado ao céu. Então eles o adoraram e voltaram para Jerusalém com grande alegria. E permaneciam constantemente no templo, louvando a Deus. (Lucas 24:50-53)

No Evangelho de João, Jesus fala sobre partir e preparar um lugar para seus discípulos de modo que possam estar onde ele estiver. Aparentemente, esses primeiros crentes passaram por uma experiência com o Cristo ressurreto que lhes proporcionou a noção de sua presença tanto com eles, nas lutas que enfrentavam na Terra, quanto com o Pai no céu. A noção da presença de Cristo com o crente era cada vez mais evidenciada nas refeições compartilhadas entre seus seguidores, com o pão partido e o vinho derramado; mas ele também poderia ser conhecido e servido por intermédio de outras pessoas. O corpo terreno de Jesus passara a ser tanto o pão partido quanto uma comunidade viva. A noção da presença de Jesus com o Pai no céu se expressava na prática universal de finalizar uma oração a Deus com as palavras: "Em nome de Jesus Cristo, nosso Senhor."

Essas percepções, que seriam desenvolvidas no curso da história cristã, são prefiguradas em duas histórias poderosas contidas nos evangelhos.

Na história do caminho para Emaús, um estranho encontra dois discípulos que estão empreendendo uma jornada, ainda tomados pelo choque inicial do luto e do horror que se seguiram à crucificação. Esse estranho pergunta a eles sobre o motivo de estarem perturbados. Eles explicam como Jesus, que tinham a esperança de ser mesmo o Messias, não fora coroado com glória em Jerusalém; em vez disso, recebera o castigo da crucificação. Mas agora tinham ouvido rumores sobre sua ressurreição e não sabiam o que fazer em relação a isso. O estranho lhes proporciona uma nova esperança ao mostrar como as Escrituras haviam profetizado a morte e a ressurreição do Messias. Os discípulos insistem que ele permaneça ali e compartilhe uma refeição. Quando o estranho toma o pão, dá graças e o parte, os dois reconhecem que, na verdade, é Jesus quem está entre eles.

Essa combinação de hospitalidade com um estrangeiro e a ação de graças seguida da partilha do pão como a chave que revela a presença de Jesus também reverberam o relato que Cristo faz, no Evangelho de Mateus, de como ele pode ser conhecido e encontrado desde agora até o fim dos tempos. Ao descrever um julgamento final, ele pede a seus discípulos que o imaginem Rei no fim dos tempos, agradecendo às pessoas por tê-lo ajudado e servido:

> "Pois eu tive fome, e vocês me deram de comer; tive sede, e vocês me deram de beber; fui estrangeiro, e vocês me acolheram; necessitei de roupas, e vocês me vestiram; estive enfermo, e vocês cuidaram de mim; estive preso, e vocês me visitaram". Então os justos lhe responderão: "Senhor, quando te vimos com fome e te demos de comer, ou com sede e te demos de beber? Quando te vimos como estrangeiro e te acolhemos, ou necessitado de roupas e te vestimos? Quando te vimos enfermo ou preso e fomos te visitar?" O Rei responderá: "Digo-lhes a verdade: O que vocês fizeram a algum dos meus menores irmãos, a mim o fizeram." (Mateus 25:35-40)

Nessa passagem bíblica, Jesus mostra que, depois de sua ressurreição, ele pode ser encontrado tanto na vida dos pobres a quem amou quanto nos sacramentos e memoriais da Igreja fundada em seu nome.

Quem Jesus afirma ser?

Pode não existir um relato factual sobre um Jesus histórico, embora muitas tentativas tenham sido empreendidas no sentido de compor apenas uma narrativa supostamente objetiva, principalmente no século XIX. A verdade é que todas as histórias contadas a respeito de Jesus, seja nos primeiros evangelhos ou em reconstituições posteriores, sempre envolvem interpretações e acabam voltando à questão de sua real identidade. Nessa parte final do capítulo, antes de passarmos à história dos seguidores de Cristo, vale a pena analisar quem o próprio Jesus dizia ser, de acordo com esses evangelhos.

O momento-chave nas narrativas evangélicas ocorre com Pedro reconhecendo Jesus como o Messias durante a jornada derradeira rumo a Jerusalém:

> Chegando Jesus à região de Cesareia de Filipe, perguntou aos seus discípulos: "Quem os outros dizem que o Filho do homem é?" Eles responderam: "Alguns dizem que é João Batista; outros, Elias; e, ainda outros, Jeremias ou um dos profetas." "E vocês?", perguntou ele. "Quem vocês dizem que eu sou?" Simão Pedro respondeu: "Tu és o Cristo, o Filho do Deus vivo". Respondeu Jesus: "Feliz é

você, Simão, filho de Jonas! Porque isto não lhe foi revelado por carne ou sangue, mas por meu Pai que está nos céus." (Mateus 16:13-17)

Assim sendo, Jesus afirmava ser o Messias aguardado por tanto tempo pelos judeus; mas até onde essa reivindicação chegou? Como veremos, o desenvolvimento mais significativo da Igreja primitiva foi o fato de, em apenas uma geração, ela deixar de ser um conclave puramente judaico para começar a proclamar uma mensagem de salvação para todo o mundo, tanto para os gentios quanto para os judeus. Os evangelhos registram vários episódios nos quais Jesus ministra a samaritanos e gentios, pessoas que não pertenciam ao povo escolhido. Ele encontra fé digna de nota mesmo em um centurião do exército de ocupação romano. As mais significativas reivindicações de identidade e propósito que ultrapassam a religião e a cultura dentro da qual ele nascera e fora criado podem ser encontradas em uma série de declarações atribuídas a Cristo no Evangelho de João, conhecidas como: "Eu sou." Alguns estudiosos acreditam que essas declarações de Jesus contidas no Evangelho de João representam um desenvolvimento posterior da fé, inseridas na narrativa. Outros, porém, creem que João preserva um material original do qual os redatores dos evangelhos sinópticos não dispunham. Em ambos os casos, a existência das declarações da série "Eu sou" demonstra que algumas das primeiras testemunhas da vida e dos ensinamentos de Jesus criam que ele era *um com Deus*, e que falava a eles diretamente com autoridade divina.

As declarações da série "Eu sou" possuem um significado especial porque "Eu sou" (*ego eimi*, no texto grego do evangelho) equivale, na forma como Jesus usou, ao "Eu Sou o que Sou", o nome de Deus transliterado como Javé na Torá. Quando Jesus usou essa fórmula, seus contemporâneos compreenderam que ele estava se identificando com Deus, daí a acusação de blasfêmia por parte daqueles que não acreditavam em sua reivindicação de identidade. (O evangelho foi escrito em grego, embora o próprio Jesus tivesse falado em aramaico. É possível, porém, que a formalidade do grego reflita o uso que Jesus fez da citação direta das Escrituras hebraicas, o que certamente teria sido considerado uma blasfêmia.)

"Abraão, pai de vocês, regozijou-se porque veria o meu dia; ele o viu e alegrou-se". Disseram-lhe os judeus: "Você ainda não tem cinquenta anos, e viu

Abraão?" Respondeu Jesus: "Eu lhes afirmo que antes de Abraão nascer, Eu Sou!" Então eles apanharam pedras para apedrejá-lo, mas Jesus escondeu-se e saiu do templo. (João 8:56-59)

As declarações da série "Eu sou" identificam Jesus com o Deus de Abraão, o Deus entendido como o Rei do Universo, o Deus do cosmos, fonte de toda a existência e provedor das mais profundas necessidades de todas as pessoas. Assim, nas declarações "Eu sou", Jesus se identifica com os elementos mais profundos e universais da vida, símbolos da natureza divina. Esse capítulo levantou a questão: "Quem é Jesus?" No Evangelho de João, Cristo responde:

Eu sou o Pão da Vida...
Eu sou a Videira Verdadeira...
Eu sou a Porta...
Eu sou o Bom Pastor...
Eu sou o Caminho, a Verdade e a Vida...

4

Os discípulos de Jesus

São Paulo

Depois de Jesus, a figura mais importante na história do cristianismo é São Paulo. Seu encontro com o Cristo ressurreto na estrada de Damasco é um marco na História, quando o cristianismo deixa de ser uma seita dentro do judaísmo para se transformar em uma religião em âmbito mundial.

Não se sabe quando Paulo nasceu, mas foi martirizado entre 62 e 65 d.C. Ele se converteu aproximadamente em 33 d.C. Paulo é, em outras palavras, contemporâneo de Jesus. Seus ensinamentos podem ser encontrados em uma coleção de cartas que integram as Escrituras do Novo Testamento cristão. As principais, que contêm o núcleo de sua doutrina, foram todas escritas entre 50 e 65 d.C., antes de todos os evangelhos, o que as torna os primeiros documentos cristãos de que dispomos.

A história da conversão de Paulo é contada por Lucas, em Atos dos Apóstolos, e pelo próprio Paulo em várias de suas cartas. Presumindo, a partir da evidência da crucificação, que as reivindicações de Cristo eram falsas, Paulo — que na época ainda se chamava Saulo — envolveu-se no esforço de erradicar os novos "seguidores do Caminho", que chamavam a si mesmos "cristãos". São Lucas narra a história:

> Enquanto isso, Saulo ainda respirava ameaças de morte contra os discípulos do Senhor. Dirigindo-se ao sumo sacerdote, pediu-lhe cartas para as sinagogas de Damasco, de maneira que, caso encontrasse ali homens ou mulheres que pertencessem ao Caminho, pudesse levá-los presos para Jerusalém. Em sua viagem, quando se aproximava de Damasco, de repente brilhou ao seu redor uma luz vinda do céu. Ele caiu por terra e ouviu uma voz que lhe dizia: "Saulo, Saulo, por que você me persegue?" Saulo perguntou: "Quem és tu, Senhor?" Ele respondeu: "Eu sou Jesus, a quem você persegue. Levante-se, entre na cidade; alguém lhe dirá o que você deve fazer." Os homens que viajavam com Saulo pararam emudecidos; ouviam a voz mas não viam ninguém. Saulo levantou-se do

chão e, abrindo os olhos, não conseguia ver nada.
E os homens o levaram pela mão até Damasco.
(Atos 9:1-8)

É extremamente significativo o fato de a voz não ter dito a ele: "Por que você está perseguindo *os meus discípulos*?", e sim: "Por que você me persegue?" A noção de que o Cristo ressurreto estava, de alguma maneira, em seus seguidores e eles estavam nele se tornou um fundamento para os ensinamentos e para a teologia de Paulo. Um segundo tema, que também tem suas raízes nessa experiência de conversão, é o ensinamento de Paulo segundo o qual a salvação é um dom de Deus. Nossa salvação, de acordo com Paulo, é fruto da iniciativa de Deus, seu esforço amoroso de nos encontrar quando ainda estávamos desamparados; uma iniciativa de amor à qual Paulo se refere como "graça".

Depois de sua conversão, Paulo se tornou o grande missionário e teólogo da Igreja primitiva, aquele que havia compreendido que o evangelho era para todos e não apenas para os judeus. Isso provocou uma controvérsia quando os primeiros cristãos judeus, seguindo os preceitos de sua religião original, presumiram que todos os novos convertidos entre os gentios teriam de se tornar judeus primeiro. Portanto, deveriam ser circuncidados, assumir o pacto e guardar a Lei antes de aceitar a Jesus como o Messias.

A grande percepção de Paulo foi a de que a vinda de Cristo significava um novo começo para todos, tanto judeus quanto gentios, e nada tinha a ver com a observância de leis externas ou com a circuncisão; estava relacionada com a participação, por meio da fé, na morte e na ressurreição de Cristo para, com ele, ser envolvido pelo abraço amoroso do Pai. Além disso, Paulo percebeu que os sistemas religiosos humanos, com suas leis e hierarquias, graduações e distinções, constituíam um impedimento e não uma ajuda. Ele ensinava que a religião, por si, poderia se transformar em uma manifestação de orgulho egoísta, colocando-se entre Deus e a humanidade. Paulo chegou à conclusão de que todas as pessoas "pecaram" e foram destituídas da glória de Deus, independentemente de sua raça ou cultura, qualquer fosse o grau de desenvolvimento de sua vida religiosa; mas também concluiu que Deus oferece seu amor e sua misericórdia a todos, tanto aos grandes quanto aos pequenos, sem levar em conta qualquer distinção humana. Esse ensinamento radical foi redescoberto repetidas vezes na história cristã, especialmente em tempos nos quais ela acumulou sobre si as armadilhas da religião formal e se esqueceu da misericórdia radical de Deus.

Mas a raiz mais profunda de todos os ensinamentos de Paulo era a mesma dos ensinamentos de Cristo: a doutrina do amor, a crença de que o amor divino nos encontra em Cristo e libera em nós um poderoso amor recíproco, além do amor por todas as criaturas de Deus. Em sua primeira carta à igreja de Corinto, Paulo fez uma descrição do amor.

> Ainda que eu fale as línguas dos homens e dos anjos, se não tiver amor, serei como o sino que ressoa ou como o prato que retine. Ainda que eu tenha o dom de profecia e saiba todos os mistérios e todo o conhecimento, e tenha uma fé capaz de mover montanhas, se não tiver amor, nada serei. Ainda que eu dê aos pobres tudo o que possuo e entregue o meu corpo para ser queimado, se não tiver amor, nada disso me valerá. O amor é paciente, o amor é bondoso. Não inveja, não se vangloria, não se orgulha. Não maltrata, não procura seus interesses, não se ira facilmente, não guarda rancor. O amor não se alegra com a injustiça, mas se alegra com a verdade. Tudo sofre, tudo crê, tudo espera, tudo suporta. O amor nunca perece; mas as profecias desaparecerão, as línguas cessarão, o conhecimento passará. Pois em parte conhecemos e em parte profetizamos; quando, porém, vier o que é perfeito, o que é imperfeito desaparecerá. Quando eu era menino, falava como menino, pensava como menino e raciocinava como menino. Quando me tornei homem, deixei para trás as coisas de menino. Agora, pois, vemos apenas um reflexo obscuro, como em espelho;

> mas, então, veremos face a face. Agora conheço em parte; então, conhecerei plenamente, da mesma forma como sou plenamente conhecido. Assim, permanecem agora estes três: a fé, a esperança e o amor. O maior deles, porém, é o amor. (1 Coríntios 13)

Essa passagem está entre as mais famosas e amplamente citadas de todas as Escrituras cristãs. Uma oração pelos novos cristãos em Éfeso, atribuída a Paulo, sintetiza a compreensão que ele tinha do que significa ser cristão:

> Por essa razão, ajoelho-me diante do Pai, do qual recebe o nome toda a família nos céus e na terra. Oro para que, com as suas gloriosas riquezas, ele os fortaleça no íntimo do seu ser com poder, por meio do seu Espírito, para que Cristo habite no coração de vocês mediante a fé; e oro para que, estando arraigados e alicerçados em amor, vocês possam, juntamente com todos os santos, compreender a largura, o comprimento, a altura e a profundidade, e conhecer o amor de Cristo que excede todo conhecimento, para que vocês sejam cheios de toda a plenitude de Deus. (Efésios 3:14-19)

O legado de Paulo é complicado, e ele tem sido apresentado tanto como um reformador total quanto como um patriarca conservador.

As testemunhas da ressurreição de Cristo, incluindo Paulo, se tornaram conhecidas como apóstolos, que significa "aqueles que são enviados". Eles saíram pelo mundo para contar a história de Jesus e proclamar o evangelho de como Deus viera para se encontrar com a humanidade, descobrir e salvar as pessoas. A história de como eles começaram a se fazer conhecer no mundo é narrada a partir de um ponto de vista cristão em Atos dos Apóstolos. O livro de Atos relata um evento chamado Pentecostes, festa judaica de um dia de duração durante a qual o pequeno grupo de apóstolos experimentou o que acreditava ser a presença imediata de Deus na pessoa do Espírito Santo. O livro descreve como aquela experiência consolidou a fé dos apóstolos em Jesus e lhes proporcionou dons de línguas e interpretação, o que os capacitava a compartilhar o evangelho de modo poderoso com todas as pessoas que encontravam.

O imperador Constantino

O Pentecostes marca o início da missão da Igreja em âmbito mundial. O cristianismo se espalhou com rapidez, principalmente entre os pobres e marginalizados do vasto império romano. Por volta do ano

200, já havia alcançado todo o império e entrado na Mesopotâmia. Como vimos, ainda havia debates na Igreja primitiva sobre como os cristãos deveriam se relacionar com a nação e a cultura em que estivessem presentes. De que forma deveriam expressar sua fidelidade a Cristo e ao Reino de Deus e, ao mesmo tempo, permanecer engajados no mundo que Jesus amara e pelo qual morrera?

Esse debate se acirrou por conta do enorme desafio e da grande oportunidade oferecida com a conversão do imperador Constantino (*c.* 272-337). Primeiro imperador "cristão", Constantino exerceu uma influência positiva muito grande (embora não absoluta) sobre a Igreja. Há uma tradição segundo a qual, antes da Batalha da Ponte Mílvia, ao norte de Roma (uma batalha que ele travou contra um imperador rival, Maxêncio, com o objetivo de consolidar seu poder pessoal como imperador romano), Constantino teve uma visão da cruz no céu e de um anjo que lhe disse: "*In hoc signo vincit*" ("Sob este símbolo vencerás"). Se essa mesma mensagem fosse revelada a um homem como Martin Luther King, ele teria compreendido o significado como: "Vença somente sob o símbolo da cruz, e não sob o da espada; conquiste trilhando o caminho do amor que padece, e não seguindo a via da coerção violenta". A decisão de Constantino foi de retirar a águia imperial dos estandartes e dos escudos romanos, substituí-la por Qui-Rô (XP, duas letras gregas que significavam "Cristo") e partir para a matança. Embora ele tenha vencido a guerra pelo poder imperial, alguns cristãos poderiam argumentar que a verdadeira batalha pela preservação do ensino radical de Jesus, segundo o qual devemos amar nossos inimigos, foi perdida naquela ocasião.

Constantino é o primeiro de uma série de governantes e políticos que tentou, com graus variados de sucesso, equilibrar os ensinamentos da fé com as exigências da *realpolitik*. Todo o debate cristão subsequente sobre as relações entre a Igreja e o Estado remete, de uma ou outra forma, às mudanças promovidas e às questões levantadas durante seu reinado.

Por um lado, pode ser atribuída a alguns ensinamentos cristãos certa influência no modo pelo qual o imperador conduzia a política e a lei:

> Sua maneira de fazer política e de legislar, embora não estivesse livre de graves defeitos, mostrava uma tendência fortemente cristã desde o início. Ele humanizou o código penal e a lei de débito, miti-

gou as condições da escravidão, fez doações para apoiar crianças pobres e, desse modo, desestimulou o abandono de bebês indesejados.*

Por outro lado, as políticas de poder e o militarismo do império eram transferidos diretamente para a Igreja e exerceram uma influência maligna desde então. Em uma das maiores ironias da História, a Igreja, cujo fundador havia sido perseguido como herege pelas autoridades religiosas, instituiu os próprios perseguidores, que usavam os mesmos mecanismos do Estado que havia levado o fundador dessa Igreja à execução na cruz.

Dentro do espaço de duas gerações, uma Igreja perseguida se tornara não apenas uma instituição estabelecida, mas uma Igreja com todo o poder do Estado à disposição para perseguir os hereges e batizar compulsoriamente os pagãos. O poder era excessivo, bem como o preço que se pagava por isso...**

O estabelecimento do cristianismo como religião oficial do império não apenas influenciou (alguns

---

*EA Livingstone (ed.), *The Oxford Dictionary of the Chrichian Church* [Dicionário Oxford da Igreja Cristã], 3ª ed., Oxford; Oxford University Press, 1997, p. 405.
***Culture and Mission HF Guite Theological Bulletin*, vol. III, nº 6, maio de 1975.

poderiam usar o termo "comprometeu") a teologia; também provocou efeitos de longo alcance no desenvolvimento da Igreja e da sociedade. Durante o século III, o império romano foi dividido em duas partes, uma ao Oriente e outra ao Ocidente. Constantino estabeleceu uma segunda cidade imperial no leste, Constantinopla (depois chamada Bizâncio, atualmente conhecida como Istambul). Depois da queda de Roma diante dos godos, em 410, os dois centros imperiais se desenvolveram separadamente, assim como as igrejas, cada vez mais divididas em termos de idioma e cultura. No Ocidente, a autoridade religiosa foi centralizada e concentrada nas mãos do bispo de Roma, que passou a ser conhecido como papa. Na esteira da atuação de Constantino, os bispos de Roma também passaram a exercer um considerável poder secular, influenciando e reivindicando autoridade em nome de Cristo, "o Rei dos reis", sobre imperadores e monarcas. No Oriente, o patriarca de Constantinopla era o chefe da Igreja. O poder e a autoridade eclesial eram mais difusos e localmente disseminados, em comparação com o Ocidente — embora a Igreja continuasse a depender da manutenção de boas relações com os vários postulantes ao trono imperial para garantir seu bem-estar.

Considerando o desenvolvimento em separado, as divisões doutrinárias cresceram entre o Oriente e o Ocidente. Por fim, em um cisma trágico ocorrido em 1054 (que ainda não foi resolvido), os líderes das duas igrejas excomungaram formalmente um ao outro. As diferenças não resolvidas diziam respeito à definição do papel do Espírito Santo dentro da Santíssima Trindade e à reivindicação papal de poder sobre toda a Igreja, tanto do leste quando do oeste. Desde então, essas questões de autoridade, bem como os conflitos envolvendo a convocação à pureza doutrinária, têm atormentado a Igreja.

Mesmo conferindo ao cristianismo um status oficial, Constantino era tolerante com as crenças pagãs, mantendo o pluralismo religioso (desde que fossem oferecidos tributos e adorações formais ao imperador), uma tradição em Roma. Contrastando com essa realidade, o cristianismo havia herdado do judaísmo um monoteísmo que, ao adorar um só Deus universal, considerava ídolos todos os demais deuses. Foi essa visão exclusivista que levou à perseguição dos primeiros cristãos, que se recusavam a oferecer mesmo o menor sinal de adoração ao imperador vivo, um simples ser humano, porque acreditavam que "o reino, o poder e a glória" pertenciam exclusivamente a Deus. Essa mesma exclusividade foi traduzida em zelo perseguidor quando os administradores cristãos passaram a ter acesso aos mecanismos de poder. Tanto os pagãos quanto as seitas hereges foram tolhidos de seu direito e transformados em igrejas cristãs, onde os membros deveriam ser batizados. Assim, ao mesmo tempo em que havia conversões genuínas, também existiam casos de conversões nominais. Todavia, muitos novos convertidos eram inspirados pela visão de uma fé universal. Por isso, fazendo uso das redes de comunicação estabelecidas pelo império romano, partiram em viagens missionárias tanto na direção do Oriente quanto do Ocidente. Ao fim do século XV, a fé cristã havia se espalhado por todo o mundo, da Índia à Irlanda.

Contracultura e reforma

Junto a essa fusão entre o poder estatal e a perseguição religiosa — o legado ambíguo de Constantino — havia sempre dentro da Igreja o que pode ser definido como uma contracultura radical. Quando a Igreja, antes perseguida, passou a controlar os mecanismos de riqueza e poder, surgiu um movimento amplo baseado em penitência e ascetismo, o qual deu origem ao monasticismo cristão. Com a iniciativa de voltar ao deserto para jejuar e orar, os Pais do Deserto, como passaram a ser conhecidos, estavam revivendo a experiência na qual Jesus havia resistido às tentações de poder e glória terrenos — as mesmas às quais sua Igreja havia capitulado. Além disso, eles enfatizavam uma dependência radical somente de Deus e de seu amor, dependência que estava no cerne do Pai Nosso e nas bem-aventuranças (veja nas páginas 108-116). O que começou como uma série de expressões individuais de penitência e renovação espiritual se tornou, gradativamente, experiência de vida comunal, revelando formas de viver juntos, em comunidade.

Por volta do século IV, havia muitos monges vivendo sozinhos nas cavernas do deserto egípcio. Não havia uma organização centralizada, mas um encorajava o outro por meio do exemplo pessoal. Suas declarações foram colocadas por escrito por seus seguidores, e continuam sendo valorizadas e lidas pelos cristãos modernos, especialmente nas igrejas ortodoxas. No século V, foram estabelecidas as primeiras comunidades formais. Enquanto o estilo de vida eremítico e solitário durou mais tempo no Oriente, para o Ocidente a Regra de São Bento (480-550) se tornou o modelo para o estabelecimento de monastérios por toda a Europa. Pelo cultivo do hábito da oração, da espiritualidade e, especialmente, pelo zelo na manutenção de cópias dos manuscritos e na transmissão do conhecimento, esses monastérios beneditinos passaram a exercer maior influência e fizeram mais pela disseminação dos valores cristãos do que todo o exercício formal de poder cívico daqueles investidos de autoridade.

Nos séculos seguintes, mesmo essas experiências pioneiras de vida comunitária radical se tornaram enganosas e foram corrompidas, um resultado que não surpreendeu os crentes cristãos que levavam a sério a própria doutrina do pecado original. Instituições cuja razão de ser se concentrava no serviço ao pobre *por parte de pobres por opção* se transformaram, por sua vez, em ricas opressoras. Com o tempo, essa acumulação de riqueza e poder pelos mesmos elementos da igreja que deveriam contrabalançar as pretensões de autoridade cívica e eclesiástica provocou reação e reforma.

Tal reação, uma grande erupção de protestos políticos e religiosos, permitiu o surgimento, no século XVI, do terceiro principal ramo do cristianismo moderno: o protestantismo. Martinho Lutero (1483-1546), que fora um monge agostiniano, desejava que a Igreja voltasse ao que ele acreditava ser a doutrina original e radical de São Paulo: a de que somos salvos somente pela ação graciosa e pelo amor de Deus, e não por quaisquer obras ou esforços próprios. Mas ele também queria libertar a Igreja das ligações que ela mantinha com o poder secular, que tanto a limitava. Esse desejo logo se disseminou conforme outros cristãos católicos da época sentiram que a riqueza e o poder da Igreja a haviam levado não apenas à corrupção palpável, como também a distorções nos entendimentos sobre a doutrina. Enquanto Lutero rompia formalmente com os poderes do bispo de Roma e inspirava atitudes semelhantes em outros países, ele não acabou, de fato, com a ligação criada por Constantino entre Igreja e Estado. Os países protestantes passaram a impor sua linha particular de protestantismo, com todo o zelo persecutório dos católicos contra os quais haviam se rebelado.

Essa mesma tentativa desastrosa de legislar sobre a consciência levou à fuga dos Pais Peregrinos da Inglaterra, os quais partiram em busca de liberdade de expressão religiosa no Novo Mundo. A experiência da opressão, aliada à influência de ideias seculares da Revolução Francesa, conduziram à separação formal entre Igreja e Estado na Constituição Americana.

As mesmas ideias começaram a formar raízes na Inglaterra entre protestantes radicais, como o poeta John Milton. Ele argumentava que a verdade jamais pode ser defendida por meio da censura, mas prospera quando tem liberdade para defender a si mesma.

Na obra *Areopagítica*, sua grande defesa da liberdade de discurso e imprensa, ele escreveu:

> Matar um bom livro é quase como matar um homem: quem mata um homem mata uma criatura dotada de razão, criada à imagem de Deus; mas aquele que destrói um bom livro mata a própria razão, mata a imagem de Deus como ela se apresentava diante dos olhos...*

Embora várias igrejas cristãs, incluindo a Igreja da Inglaterra, mantenham laços com o Estado e com o poder formal como parte de sua herança histórica, todas reconhecem, de modo geral, que usar o poder secular para forçar a adesão religiosa não é eficaz nem condiz com os mandamentos de amor de Cristo. Além disso, até certo ponto, a marginalização das igrejas no Ocidente desenvolvido, em comparação com o Oriente, e a secularização crescente da cultura moderna levaram a Igreja de volta às margens da sociedade, onde ela começou. Pode ser que esse retorno à periferia conduza a uma recuperação da missão e da prioridade originais da Igreja — o que, com o tempo, pode levar a um reavivamento.

---

*Areopagítica 1644, p. 4.

5

Os ensinamentos de Jesus

A herança judaica

Há uma continuidade entre o judaísmo no qual Jesus nasceu e a nova fé que ele estabeleceu. Do judaísmo, o cristianismo herdou, em primeiro lugar, a crença em um Deus santo e criador. A história da criação do cosmos por Deus e, dentro desse cosmos, dos primeiros seres humanos, é contada nos primeiros capítulos do livro de Gênesis. Assim como ela integra as Escrituras e a fé cristãs, faz parte também do judaísmo (e inclusive do islamismo). Nem todos os cristãos leem a história da criação do mundo em seis dias como um relato literal, mas há um consenso geral entre eles de que a narrativa foi inspirada por Deus e contém ensinamentos essenciais, que funcionam em vários níveis.

O primeiro desses ensinamentos é o de que o mundo que Deus criou era, em sua origem, essencialmente bom: "Deus viu tudo o que havia feito, e tudo havia ficado muito bom" (Gênesis 1:31).

Mais tarde, os redatores cristãos passaram a se referir a essa crença como a doutrina da "bênção original".

O segundo ensinamento essencial que judeus e cristãos encontram nessas histórias é que os seres humanos são tanto parte natural da criação física quanto distintos em um relacionamento singular com Deus e com o restante da criação. Em Gênesis, a ideia de que temos algo em comum com todas as outras criaturas é transmitida por meio da narrativa da formação do ser humano a partir das coisas mais comuns do mundo, do pó da terra; a ideia de que somos diferenciados se expressa no relato de Deus soprando seu fôlego ou espírito sobre o primeiro homem, tornando-o um ser à sua imagem.

> Então disse Deus: "Façamos o homem à nossa imagem, conforme a nossa semelhança. Domine ele sobre os peixes do mar, sobre as aves do céu, sobre os grandes animais de toda a terra e sobre todos os pequenos animais que se movem rente ao

chão." Criou Deus o homem à sua imagem, à imagem de Deus o criou; homem e mulher os criou. (Gênesis 1:26-27)

Então o Senhor Deus formou o homem do pó da terra e soprou em suas narinas o fôlego de vida, e o homem se tornou um ser vivente. (Gênesis 2:7)

Um leitor moderno pode se sentir tentado a ler esse texto de modo literal e até acreditar nele, apesar da forma como o trecho contradiz relatos científicos, ou desprezá-lo pelo mesmo motivo. Mas isso seria uma maneira de fazer mau uso do relato. Esses versículos cruciais têm sido tema de meditação e especulação entre cristãos ao longo de muitos séculos. Pensadores como Agostinho identificaram o fôlego de Deus com o Espírito Santo, o mesmo que veio sobre Jesus no momento de seu batismo, e que o próprio Cristo soprou sobre seus discípulos — um espírito renovador e criativo que Agostinho acreditava que todos os cristãos recebiam de uma nova maneira ao serem batizados. O poeta George Herbert expressou a crença comum de que, na oração, recebemos e oferecemos novamente esse mesmo Espírito mencionado em Gênesis, e que a oração é "o fôlego que Deus soprou sobre o homem voltando à sua fonte" (no poema *Prayer* [Oração]).

Gênesis 1:26-27 se tornou a referência para dois conceitos-chave do cristianismo em relação à humanidade. O primeiro é que todos os seres humanos são criados à imagem de Deus. Esse versículo se tornou importante nos ensinamentos subsequentes a respeito da dignidade e dos direitos inalienáveis de cada pessoa. A imagem de Deus é compreendida não como uma semelhança externa e visível, mas como uma imagem interior, ou uma assinatura usada pelo próprio Criador.

O segundo conceito é o de que recebemos "domínio" sobre as outras criaturas. Esse versículo tem sido objeto de muitas críticas, particularmente dos movimentos ambientalistas. Eles acham que essa passagem bíblica tem sido usada pelas culturas cristãs ocidentais como permissão para explorar e impor degradação ao meio ambiente e uma forma de justificar a crueldade contra os animais. Ao mesmo tempo em que há certa força nesse argumento, o versículo também pode ser interpretado como uma sugestão para que o ser humano seja responsável no trato dos recursos naturais. Os cristãos acreditam que são administradores da terra e que terão de prestar contas dessa responsabilidade àquele em cuja imagem foram criados.

Pecado e salvação

Depois de descrever a bondade original e a perfeição inicial da criação divina, incluindo a humanidade, o livro do Gênesis prossegue relatando um evento ao qual os cristãos se referem como a Queda. O Gênesis conta a história de como os primeiros seres humanos deliberadamente desobedeceram o edito de Deus e comeram o fruto da árvore do conhecimento do bem e do mal. O próprio nome dessa árvore deixa claro que essa parte do livro do Gênesis é uma narrativa simbólica, e não literal. A desobediência de Adão e Eva destrói não apenas a harmonia entre eles e Deus, mas também a harmonia entre o homem e a mulher e entre a humanidade e a natureza. A consequência imediata é o exílio do Jardim do Éden e a introdução, no mundo, da miséria, da dor e da morte para toda a humanidade.

Esse estado de desobediência ou alienação de Deus é um histórico essencial no judaísmo. A Torá, da qual o Gênesis faz parte, descreve como Deus convoca uma raça específica, os judeus, à pureza e à santidade, para que esse povo seja purificado da iniquidade. Ele deve ser um sinal no mundo de que o Criador não abandonou a humanidade, mas a chama de volta para renovar os laços de obediência amorosa a ele, rompidos por causa da Queda. Aqui, a diferença entre o judaísmo e o cristianismo não está relacionada com quem Deus é. Também não tem a ver com a necessidade de o ser humano se voltar a Deus para ser restaurado. A diferença reside na maneira pela qual o próprio Deus promove essa restauração.

Ao abordar essa passagem das Escrituras, os comentaristas cristãos passaram a se referir à Queda de Adão e Eva como pecado original. Eles também analisaram as consequências dessa Queda para todos os seres humanos. O pecado foi compreendido não como uma questão de ganância ou apetite por uma fruta em particular, mas como o orgulho de mortais que desejaram ser como deuses, o que os levou à desobediência. O pecado é o rompimento de um laço de amor — a opção por si mesmo, e não por Deus. A história simbólica da perda do Éden e o conceito de pecado original são os termos que os cristãos usam para indicar os grandes dilemas, as frustrações e os males da condição humana, contra os quais toda religião ou filosofia precisa lutar. Hindus e budistas preferem se referir à mesma questão como "carma ruim"; os existencialistas simplesmente a chamariam "condição humana".

A interpretação cristã da história narrada no Gênesis não é inteiramente negativa. Acredita-se, de fato, que a imagem de Deus na humanidade ficou desfigurada por causa da Queda, mas não foi completamente erradicada. Por essa razão, os recursos divinos da generosidade e do amor ainda estão à disposição dos seres humanos. Para os cristãos, a humanidade caída está alienada do Criador e precisa de resgate e restauração. A essência do evangelho cristão é a crença de que Deus, mesmo condenando com justiça a desobediência dos seres humanos, não os abandonou à própria sorte, mas prometeu vir e resgatá-los — promessa cumprida em Cristo. De fato, a partir de São Paulo, os cristãos começaram a entender Cristo, em certo sentido, como um novo Adão, em quem e por meio de quem o pecado de Adão" pode ser revertido e a humanidade pode ser restaurada:

> Visto que a morte veio por meio de um só homem, também a ressurreição dos mortos veio por meio de um só homem. Pois da mesma forma como em Adão todos morrem, em Cristo todos serão vivificados. Mas cada um por sua vez: Cristo, o primeiro; depois, quando ele vier, os que lhe pertencem. Então virá o fim, quando ele entregar o Reino a Deus, o Pai, depois de ter destruído todo domínio, autoridade e poder. Pois é necessário que ele reine até que todos os seus inimigos sejam postos debaixo de seus pés. O último inimigo a ser destruído é a morte. (1 Coríntios 15:21-26)

Uma criação originariamente boa, uma Queda e um Deus criador que não abandona a humanidade caída, mas promete vir e resgatá-la, são elementos comuns no judaísmo e no cristianismo. Para o judaísmo, a salvação de Noé e o chamado de Abraão foram sinais de que Deus ainda mantinha o pacto que a humanidade havia quebrado. A convocação de Moisés, bem como a entrega e a guarda da Lei, deveriam ser os meios pelos quais primeiramente os judeus — e depois, talvez, os gentios — veriam seu relacionamento com Deus restaurado. Os cristãos acreditam que os meios de restauração são mais radicais, porém mais universais. A Lei deveria ser cumprida não pela instrução gradual de muitas pessoas, mas pela obediência perfeita de uma pessoa, o Messias. Ele seria o salvador tanto de judeus quanto de gentios porque nele, em nome de todas as pessoas, o relacionamento rompido entre a humanidade e Deus é corrigido e restaurado.

Expiação é o ato por meio do qual Deus, na pessoa de Cristo, recebe sobre si e derrota os poderes do pecado e da morte, os quais constituem barreira entre a humanidade e um relacionamento de amor com Deus e uns com os outros. A Bíblia oferece aos crentes vários modelos ou imagens que ajudam a compreender como a morte voluntária de Jesus na cruz restaurou o relacionamento entre eles e Deus, bem como a relação das pessoas entre si.

Um desses modelos apresenta Jesus aceitando, em nosso nome, um castigo que merecíamos por causa de nossos pecados. Esse modelo sugere que o pecado em si é punido e purificado por meio do sofrimento e da morte de Cristo, enquanto nós, pecadores, somos separados de nossos pecados. Deixamos estes cravados na cruz com Jesus e recebemos, como resultado dessa iniciativa, um perdão amplo e a oportunidade de começar de novo. Essa forma de ver o mistério, eventualmente conhecida como a doutrina da substituição penal (vicária) ou modelo forense, é especialmente enfatizada nas igrejas protestantes de orientação evangelical. Ela tem sido útil para muitos cristãos, pois trata do senso de culpa que aflige muitas pessoas por conta dos erros que cometem na vida. Tal doutrina expressa a amplitude do amor de Deus ao tomar sobre si o nosso castigo. Ela conduz a uma sensação de enorme gratidão, à certeza do perdão e ao desejo de viver uma nova vida, perdoando as outras pessoas.

Outros cristãos, porém, consideram o conceito de substituição penal uma forma menos adequada de encarar a questão da expiação. Eles acham difícil imaginar um Deus amoroso, a quem Jesus revelou, exigindo ou se satisfazendo com o sofrimento horrível de seu Filho inocente. Eles acreditam que receber o perdão por meio do castigo de um substituto inocente seria uma ficção jurídica imoral.

No entanto, o Novo Testamento e os ensinamentos da Igreja primitiva oferecem muitas outras formas de compreender o princípio da expiação. Todas são igualmente capazes de sustentar a crença central, compartilhada por todos os cristãos, de que, em certo sentido, fomos salvos, perdoados e restaurados para o amor por meio da morte e da ressurreição de Jesus. Uma dessas formas é o conceito de resgate — um preço pago de bom grado, e por amor, para libertar um cativo. O próprio Jesus descreve sua morte da seguinte maneira:

> Pois nem mesmo o Filho do homem veio para ser servido, mas para servir e dar a sua vida em resgate por muitos. (Marcos 10:45)

Outra imagem é a da redenção, segundo a qual uma pessoa vendida como escrava pode ser comprada de volta por determinado preço e, em seguida, receber a liberdade. Todas essas e outras metáforas usadas para ilustrar a obra expiatória de Cristo têm em comum uma só percepção: a de que o livramento que Jesus orientou seus discípulos a pedir no Pai Nosso tem um custo. Derrotar o mal, superar a opressão, oferecer perdão — todas essas coisas têm um preço, como todo mundo sabe; basta analisar a própria vida. Se perdoar uma pessoa sequer já nos impõe um custo pessoal, quanto mais custaria a Deus fazer o mesmo por todo o mundo?

Essa compreensão, a de que somos libertados e redimidos por um preço, nos leva a duas outras percepções que caracterizam a fé cristã. A primeira é a de que o preço de nosso livramento é superior ao que podemos pagar; e a segunda é que, pelo fato de Deus tê-lo pago por nós com a própria vida, nos tornamos infinitamente preciosos diante dele, assim como devemos ser infinitamente preciosos aos olhos uns dos outros. Essa é a raiz do ensino cristão universal a respeito do valor absoluto de cada vida humana, não importando as conquistas individuais, as capacidades ou mesmo os julgamentos dos quais as pessoas são alvos. Essa é uma crença que, como veremos, traz consequências profundas sobre a ética pessoal e social.

O Pai Nosso

Como vimos no capítulo 1, quando perguntaram a Jesus qual era o maior de todos os mandamentos, ele respondeu citando dois do Antigo Testamento, ambos concernentes ao amor:

> "Ame o Senhor, o seu Deus, de todo o seu coração, de toda a sua alma e de todo o seu entendimento" [...] e [...] "Ame o seu próximo como a si mesmo". Destes dois mandamentos dependem toda a Lei e os Profetas". (Mateus 22:37-40)

Esse conceito-chave esteve presente durante toda a vida, todo o ministério e em todos os ensinamentos de Jesus. Os cristãos acreditam que a morte de Cristo na cruz em favor de toda a humanidade restaurou um relacionamento rompido entre o mundo e Deus, e que o dom de seu Espírito Santo liberou o poder do amor divino no coração dos que creem. Como Paulo escreve em sua carta aos romanos:

> Pois vocês não receberam um espírito que os escravize para novamente temerem, mas receberam o Espírito que os adota como filhos, por meio do qual clamamos: "Aba, Pai!" O próprio Espírito testemunha ao nosso espírito que somos filhos de Deus. (Romanos 8:15-16)

Essa passagem sobre o dom do Espírito capacitando os primeiros cristãos, tanto judeus quanto gentios, a reconhecerem uns aos outros como filhos do mesmo Pai celestial, está enraizada na oração conhecida como o Pai Nosso (ou Oração do Senhor), cuja recitação — muitas vezes com frequência diária — constitui uma prática cristã universal. Quando analisamos essa oração, entramos no âmago dos ensinamentos de Jesus e daquilo que os cristãos creem e ensinam sobre ele.

Quando perguntado sobre a questão da oração, Jesus disse aos discípulos:

> E quando orarem, não fiquem sempre repetindo a mesma coisa, como fazem os pagãos. Eles pensam que por muito falarem serão ouvidos. Não sejam iguais a eles, porque o seu Pai sabe do que vocês precisam, antes mesmo de o pedirem.
> Vocês, orem assim:
> "Pai nosso, que estás nos céus! Santificado seja o teu nome.
> Venha o teu Reino; seja feita a tua vontade, assim na terra como no céu.
> Dá-nos hoje o nosso pão de cada dia.
> Perdoa as nossas dívidas, assim como perdoamos aos nossos devedores.
> E não nos deixes cair em tentação, mas livra-nos do mal..." (Mateus 6:7-13)

Essa é a tradução da *Nova versão internacional*. Ela conclui com a doxologia (glorificação) amplamente utilizada: "...porque teu é o Reino, o poder e a glória para sempre. Amém". A Bíblia King James em inglês, de 1611, usa linguagem clássica e traz a palavra "transgressões" em vez de "dívidas".

Pai nosso, que estás nos céus!

O segredo dessa oração é um relacionamento de intimidade e confiança com Deus como Pai. No Evangelho de Mateus, Jesus prefacia essa passagem dizendo: "...o seu Pai sabe do que vocês precisam..." Esse era, em certos aspectos, um ensinamento novo e radical. O termo Pai era usado na Torá para Javé, o Deus de Israel, mas só em termos gerais, cósmicos ou coletivos: ele é o "Pai das luzes" ou o "Pai de Israel", e tais referências são proporcionalmente raras. Certamente, ninguém ousaria chamá-lo "Pai" pessoalmente. No entanto, foi isso que Jesus fez, usando a forma íntima em aramaico *Aba* em sua oração.

Os discípulos tinham noção do relacionamento especial de Jesus com Deus, mas é quase certo que pensavam ser essa uma exclusividade de Cristo. Eles pediram que lhes fosse ensinado como abordar Deus em oração, mas não esperavam fazê-lo nos mesmos termos de intimidade usados pelo próprio Jesus. Contudo, foi exatamente isso que ocorreu. Jesus não lhes propôs uma oração limitada, própria de pessoas distantes ou subordinadas. Cristo os convidou a compartilhar a oração que ele mesmo estava fazendo. Aqui temos um paradoxo. Essa não é a Oração do Senhor por ser a que Jesus ensinou aos seus discípulos, mas por ser a prece que, falando mais apropriadamente, só ele pode fazer; ainda assim, Jesus os convida a acompanhá-lo na oração.

Os cristãos acreditam que Cristo é o Filho único de Deus, o "primogênito eterno" que Deus chama pelo nome e reconhece tanto durante o batismo de Jesus quanto em sua transfiguração com as seguintes palavras: "Este é o meu Filho amado, em quem me agrado."

Na narrativa de Lucas, há uma preparação para tudo isso na história de sua concepção milagrosa e na profecia que o anjo Gabriel entrega a Maria, mãe de Jesus:

> O anjo lhe disse: "Não tenha medo, Maria; você foi agraciada por Deus! Você ficará grávida e dará à luz um filho, e lhe porá o nome de Jesus. Ele será grande e será chamado Filho do Altíssimo." (Lucas 1:30-32)

Nesse sentido, Jesus era o único que tinha o direito de se referir a Deus como "Pai".

Venha o teu Reino; seja feita a tua vontade...

Há outro sentido segundo o qual essa oração pertence apenas a Jesus. Ela contém um padrão perfeito de obediência a Deus, uma submissão completa à vontade do Pai, uma intimidade de amor e confiança que só Cristo poderia ter. Essa oração pede para que o céu venha à terra, que a vontade e o Reino de Deus nos céus se transformem em realidade nesse mundo. Onde quer que essa oração seja feita com sinceridade e respondida, o Reino — que é o governo real de Deus — de fato vem à terra, e a vontade de Deus é mesmo feita por meio das ações que são fruto dessa oração. Foi isso que os discípulos viram em Jesus, e também o que o próprio Cristo anunciou ("...o Reino de Deus está entre vocês").

Os cristãos acreditam que Jesus foi a própria encarnação desse Reino, pois ele estava realizando e sendo na Terra tudo quanto Deus desejava no céu. O judaísmo espera pela vinda do grande dia, no fim dos tempos, quando o Reino de Deus será estabelecido; quando "a terra se encherá do conhecimento da glória do Senhor, como as águas enchem o mar"; quando as guerras e o ódio cessarão. Os cristãos creem que, em Cristo, o Reino já veio. O fim e a redenção dos tempos já começaram no meio da História. Eles acreditam que, assim como Jesus encarna o perfeito amor por Deus e pelo próximo em sua vida e cumpre o grande mandamento, também por meio de sua morte ele abriu um caminho para que toda a humanidade tenha acesso ao céu. Por essa razão, sua ressurreição é citada como sendo as primícias de uma nova ordem da realidade, na qual a vontade amorosa de Deus é feita em nós e por nosso intermédio. Não é mais impedida pela antiga ordem do pecado e da morte.

Por essa razão, os discípulos não ficaram surpresos ao saber que aquela era a Oração do Senhor, posto que ela testificava o relacionamento singular entre Jesus e o Pai, e declarava o amor, a obediência, a confiança e o perdão perfeitos que o próprio Cristo encarnou. O que deve tê-los confundido foi quando Jesus disse que aquela oração também era a deles. Como seria possível? A resposta para essa pergunta nos leva ao coração da fé cristã e ensina sobre Jesus e o relacionamento que os discípulos tinham com ele.

Os cristãos oram ao Pai, como Jesus os ensinou, mas desde os primeiros tempos, essas orações são feitas "em nome de Jesus Cristo, nosso Senhor". Não se trata apenas de uma finalização repetitiva para uma prece pública, mas uma expressão da crença de que ser um cristão também significa ser, em certo sentido, parte de Cristo. Os cristãos creem que estão "nele, e ele em nós", como afirma a liturgia. As orações e petições individuais, as esperanças e os desejos de qualquer crente em particular estão incluídas na grande oração de Jesus, a qual ele faz continuamente ao Pai em favor da humanidade. Exemplos das orações reais que ele fez na terra, como estão registrados nas Escrituras, nos oferecem um vislumbre do relacionamento franco entre o Pai e o Filho, no Espírito, e que prossegue o tempo todo. Quando os cristãos fazem a oração do Pai Nosso, estão conscientemente se alinhando com a oração proferida por Jesus. Eles acreditam que a perfeição nas petições de Cristo, sua completa submissão à vontade de Deus e seu desejo absoluto de que essa vontade seja cumprida na terra compensam as deficiências da oração terrena e a presença de elementos de egoísmo e falta de compaixão na vontade humana. A esperança cristã é a de que, cada vez que um crente faz uma oração, unindo a vontade individual com a de Deus em Cristo, ele é capaz de ser um pouco mais sincero e, por essa razão, encontrar um pouco mais de Jesus em si, bem como um pouco mais de si em Cristo.

Dá-nos hoje o nosso pão de cada dia...

A petição fundamental na oração do Pai Nosso é a de que Deus possa ser amado e adorado, e que a vontade dele seja feita na terra e no céu. Mas Deus não está envolvido apenas espiritualmente no cotidiano, como essa referência ao pão de cada dia atesta. Ele também se envolve em termos físicos e práticos no dia a dia.

Embora muitos cristãos interpretem o "pão de cada dia" como uma expressão que inclui a manutenção espiritual do sacramento e as palavras das Escrituras, todos concordam que também significa, literalmente, o que diz: o alimento e a bebida que nos sustentam. Por mais que trabalhemos para adquirir, produzir ou multiplicar esse sustento, os cristãos creem que os bens materiais deste mundo devem ser recebidos como dádivas entregues diretamente pelas mãos de Deus.

Perdoa as nossas dívidas, assim como perdoamos aos nossos devedores...

A petição, na oração do Pai Nosso, pelo sustento diário é seguida de outra por perdão, a qual, mais uma vez, aproxima-se do cerne do evangelho cristão. Jesus contou muitas parábolas que revelavam a percepção que tinha do coração compassivo de Deus, mas sempre relacionou a disposição divina de perdoar com a nossa.

Então Pedro aproximou-se de Jesus e perguntou: "Senhor, quantas vezes deverei perdoar a meu irmão quando ele pecar contra mim? Até sete vezes?" Jesus respondeu: "Eu lhe digo: não até sete, mas até setenta vezes sete. Por isso, o Reino dos céus é como um rei que desejava acertar contas com seus servos. Quando começou o acerto, foi trazido à sua presença um que lhe devia uma enorme quantidade de prata. Como não tinha condições de pagar, o senhor ordenou que ele, sua mulher, seus filhos e tudo o que ele possuía fossem vendidos para pagar a dívida. O servo prostrou-se diante dele e lhe implorou: 'Tem paciência comigo, e eu te pagarei tudo.' O senhor daquele servo teve compaixão dele, cancelou a dívida e o deixou ir. Mas quando aquele servo saiu, encontrou um de seus conservos, que lhe devia cem denários. Agarrou-o e começou a sufocá-lo, dizendo: 'Pague-me o que me deve!' Então o seu conservo caiu de joelhos e implorou-lhe: 'Tenha paciência comigo, e eu lhe pagarei.' Mas ele não quis. Antes, saiu e mandou lançá-lo na prisão, até que pagasse a dívida. Quando os outros servos, companheiros dele, viram o que havia acontecido, ficaram muito tristes e foram contar ao seu senhor tudo o que havia acontecido.

> Então o senhor chamou o servo e disse: 'Servo mau, cancelei toda a sua dívida porque você me implorou. Você não devia ter tido misericórdia do seu conservo como eu tive de você?'" (Mateus 18:21-33)

Os cristãos acreditam que optar pela falta de compaixão em relação aos inimigos é equivalente a bloquear o perdão de Deus que, de outra forma, estaria à nossa disposição. No sentido oposto, reconhecer que nós mesmos somos pecadores perdoados é o meio pelo qual podemos receber o espírito e a motivação para tentar cumprir a difícil tarefa de perdoar os outros. Esse ensinamento tem ramificações não apenas na vida pessoal do crente, mas também, como veremos, nas relações entre a Igreja e o Estado e entre a Igreja e a sociedade em questões relacionadas a lei e ordem, sanções estatais e declarações de guerra.

E não nos deixes cair em tentação, mas livra-nos do mal...

É no contexto da guerra e dos horrores a ela ligados que a pessoa passa a ver essa petição final na Oração do Senhor, que leva tão a sério a realidade do mal. O trecho tradicionalmente apresentado como: "E não nos deixes cair em tentação, mas livra-nos do mal..." é mais precisamente traduzido da seguinte maneira: "Não nos conduza ao tempo da provação, mas livra-nos do mal."

Mais uma vez, o texto expressa um dos grandes paradoxos da fé cristã, posto que Jesus não teve essa petição atendida. Ele foi tentado no deserto, no início de seu ministério; no fim, foi levado de modo ainda mais horrível e literal "ao tempo da provação". Se ele tivesse antevisto a agonia vindoura quando esteve no jardim do Getsêmani, teria apresentado sua petição com intensidade ainda maior. Ele atravessou o tempo da provação; em seguida, foi vítima da grande e angustiante crueldade dos açoites e da crucificação, da qual não foi livrado. Seria o caso de dizer que a oração de Jesus não foi respondida?

Os cristãos creem que, pelo fato de Jesus ter aceitado sem reservas aquele tempo de provação e morte horrenda em nosso lugar, ele mesmo se tornou a resposta de Deus ao apelo que fez no Pai Nosso, "livra-nos do mal". Ele nos ensinou a pedir que Deus nos livrasse do mal; no entanto, Jesus conhecia o preço desse livramento: o próprio sangue. Ele estava disposto a pagar o preço como um ato de amor por toda a humanidade, como ele afirmaria em João 15:13: "Ninguém tem maior amor do que aquele que dá a sua vida pelos seus amigos."

As parábolas de Jesus

Todos os ensinamentos implícitos na oração do Pai Nosso também são evidenciados no restante dos ensinamentos de Jesus e, especialmente, em suas parábolas. Contá-las constituía seu método de ensino mais característico. Analisaremos, em particular, uma que apresenta as doutrinas de amor, expiação e reconciliação, que fazem parte do cerne da fé cristã:

> Jesus continuou: "Um homem tinha dois filhos. O mais novo disse ao seu pai: 'Pai, quero a minha parte da herança.' Assim, ele repartiu sua propriedade entre eles. Não muito tempo depois, o filho mais novo reuniu tudo o que tinha, e foi para uma região distante; e lá desperdiçou os seus bens vivendo irresponsavelmente. Depois de ter gasto tudo, houve uma grande fome em toda aquela região, e ele começou a passar necessidade. Por isso foi empregar-se com um dos cidadãos daquela região, que o mandou para o campo a fim de cuidar de porcos. Ele desejava encher o estômago com as vagens de alfarrobeira que os porcos comiam, mas ninguém lhe dava nada. Caindo em si, ele disse: 'Quantos empregados de meu pai têm comida de sobra, e eu aqui, morrendo de fome! Eu me porei a caminho e voltarei para meu pai, e lhe direi: Pai, pequei contra o céu e contra ti. Não sou mais digno

de ser chamado teu filho; trata-me como um dos teus empregados.' A seguir, levantou-se e foi para seu pai. Estando ainda longe, seu pai o viu e, cheio de compaixão, correu para seu filho, e o abraçou e beijou. O filho lhe disse: 'Pai, pequei contra o céu e contra ti. Não sou mais digno de ser chamado teu filho.' Mas o pai disse aos seus servos: 'Depressa! Tragam a melhor roupa e vistam nele. Coloquem um anel em seu dedo e calçados em seus pés. Tragam o novilho gordo e matem-no. Vamos fazer uma festa e alegrar-nos. Pois este meu filho estava morto e voltou à vida; estava perdido e foi achado.' E começaram a festejar o seu regresso. Enquanto isso, o filho mais velho estava no campo. Quando se aproximou da casa, ouviu a música e a dança. Então chamou um dos servos e perguntou-lhe o que estava acontecendo. Este lhe respondeu: 'Seu irmão voltou, e seu pai matou o novilho gordo, porque o recebeu de volta são e salvo.' O filho mais velho encheu-se de ira, e não quis entrar. Então seu pai saiu e insistiu com ele. Mas ele respondeu ao seu pai: 'Olha! todos esses anos tenho trabalhado como um escravo ao teu serviço e nunca desobedeci às tuas ordens. Mas tu nunca me deste nem um cabrito para eu festejar com os meus amigos. Mas quando volta para casa esse teu filho, que esbanjou os teus bens com as prostitutas, matas o novilho gordo para ele!' Disse o pai: 'Meu filho, você está sempre comigo, e tudo o que tenho é seu. Mas nós tínhamos que celebrar a volta deste seu irmão e alegrar-nos, porque ele estava morto e voltou à vida, estava perdido e foi achado.'" (Lucas 15:11-32)

Embora as pessoas geralmente se refiram a essa parábola como a do filho pródigo, a figura mais impactante dessa história é, na verdade, a do pai. Essa parábola nos mostra o que Jesus quis dizer quando usou a palavra *Aba*, pai. O filho perdido e alienado cai em si e começa a empreender uma jornada de volta para casa, mas enquanto ele ainda está longe, o pai corre ao seu encontro para abraçá-lo. O amor do pai não havia mudado ou vacilado durante todo o tempo de isolamento e exílio do filho. A recepção positiva do filho não depende dos discursos especiais nem de algum tipo de penitência que ele havia planejado fazer. Em vez disso, ele é absolutamente restaurado por uma opção amorosa do pai.

Os cristãos passaram a ver, nessa parábola, uma expressão perfeita da própria experiência de serem achados em Cristo e restaurados no amor do Pai. Na imagem do banquete de boas-vindas, eles reconhecem tanto um sinal da Eucaristia, que faz parte do âmago da liturgia cristã, quanto uma prévia do banquete celestial que foi uma das imagens-chave usadas por Cristo para falar do Reino. Uma oração de ação de graças, amplamente usada na liturgia anglicana, expressa bem essa noção:

> Pai de todos, te agradecemos e louvamos porque, quando ainda estávamos longe de ti, tu nos encontraste em teu Filho e nos trouxeste para casa. Na morte e na vida, ele anunciou o teu amor, deu-nos a graça e abriu os portões da glória. Possamos nós, que compartilhamos o corpo de Cristo, viver sua ressurreição; nós, que bebemos de seu cálice, levar a vida a outras pessoas; nós, a quem o Espírito ilumina, levar luz ao mundo. Mantém-nos firmes na esperança que colocaste diante de nós para que todos os teus filhos sejam livres, e toda a terra viva para louvar o teu nome; em nome de Cristo, nosso Senhor. Amém. (*Common Worship* [Oração comunitária], p. 182)

Essa parábola também aponta para o âmago de outro aspecto fundamental da fé cristã: a importância suprema de liberdade da qual o ser humano dispõe. A parábola se baseia na realidade do livre-arbítrio com todas as suas consequências. O filho pródigo é livre para rejeitar o pai e deixar a casa, mas essa rejeição e o exílio decorrente produzem consequências inevitáveis com as quais o filho deve arcar. O amor do pai não pode constrangê-lo a permanecer em casa nem pode induzi-lo a uma reação de amor — isso seria uma forma de coerção e dominação. O amor, para ser amor, deve ser oferecido e recebido com liberalidade. Uma ordem cósmica que seja orientada pelo amor precisa abrir espaço para o livre-arbítrio, mesmo quando as consequências de tal liberdade possam trazer o sofrimento e o mal àqueles a quem essa dádiva é concedida. Desse modo, a tarefa do amor não é derrotar ou erradicar o livre-arbítrio, mas nos oferecer a redenção das consequências da utilização abusiva dessa liberdade.

Essa deferência com o livre-arbítrio é igualmente importante no fim dessa parábola, no que se refere à reação do irmão mais velho. Ele permite que seu ressentimento com a generosidade do pai obscureça o amor paterno. O mesmo amor e a mesma generosidade estão disponíveis a ambos os irmãos, mas a parábola sugere que o orgulho e o ciúme do mais velho podem levá-lo a rejeitar o amor do pai. Ele pode dar preferência a permanecer indiferente e incapaz de perdoar o irmão; como consequência dessa postura, também opta por se exilar do amor do pai. A parábola deixa essa interpretação em aberto, e podemos imaginar, da mesma maneira, que o filho mais velho engoliu seu orgulho, percebendo a completa segurança de que dispõe enquanto permanece no amor do pai. A partir dessa posição segura, ele teria sido capaz de superar o ciúme e o ressentimento.

O amor e as últimas coisas

A realidade dessas escolhas e de suas consequências sobre a vida é o que orienta as crenças cristãs a respeito do que tem sido tradicionalmente chamado "as quatro últimas coisas": a morte, o julgamento, o céu e o inferno.

A consequência natural do pecado do orgulho, inerente a todos os seres humanos, é darmos as costas uns aos outros e buscar apenas a satisfação de nossos interesses pessoais. É possível imaginar que alguém nesse estado de pecado seja frequentemente capaz de dar preferência a si mesmo, e não a Deus, a ponto de escolher o exílio em seus próprios termos e não o amor e a alegria nos termos divinos. Isso é exatamente o que a tradição cristã tem ensinado sobre o ser chamado Satanás, o Diabo ou o Maligno. Considerando que todas as coisas eram originariamente boas, a tradição e a iconografia cristã imaginam Satanás como tendo sido, a princípio, um anjo de luz (Lúcifer), a primeira e a maior de todas as criaturas divinas. No entanto, ele ficou com inveja de Deus e procurou fazer de si mesmo um deus; seu orgulho e sua queda precederam (e, de fato, provocaram) a Queda da humanidade. Ao mesmo tempo em que o amor de Deus não pode passar por cima dessa escolha, ele pode, segundo os cristãos, oferecer uma saída, uma alternativa que envolve arrependimento e um retorno a Deus em amor.

Os cristãos divergem quanto a uma questão: Satanás e seus anjos caídos teriam feito uma escolha irrevogável ou também poderiam se arrepender? Mesmo assim, todos os cristãos concordam que o arrependimento e o retorno a Deus é uma prerrogativa da humanidade, tornada possível graças à obra expiatória de Cristo. Tal retorno é compreendido como o céu, e a recusa (a opção por si mesmo, acima de Deus) é entendida como o inferno. Em função da liberdade humana, o inferno eterno é concebido como uma possibilidade real. Se os seres humanos, dispondo de seus poderes limitados na terra, podem optar por criar tantos infernos, rejeitando constantemente o amor, a misericórdia e as incontáveis possibilidades de arrependimento que lhes são oferecidas o tempo todo, qual será sua escolha em relação à eternidade? É possível que alguns deles, mesmo diante da face do próprio Deus, possam dizer o mesmo que Satanás, segundo a imaginação do poeta John Milton, diria: "É melhor reinar no inferno do que servir no céu." O amor de Deus deseja e faz tudo quanto poderia ser desejado e feito para salvar essas pessoas, mas jamais seria capaz de forçar essa escolha.

As parábolas de Jesus frequentemente enfatizam essa escolha entre a inclusão e a exclusão, no que diz respeito ao Reino de Deus. Jesus costumava apontar para o paradoxo de que são os "pecadores" — julgados e achados em falta pelos "cidadãos respeitáveis" — aqueles que têm maior probabilidade de pedir e receber a misericórdia de Deus, ao passo que o risco de rejeição é maior entre os hipócritas e religiosos, os "irmãos mais velhos".

A Santíssima Trindade, uma comunidade de amor

Os cristãos acreditam que Deus existe antes e além de todos os mundos possíveis como um Deus e, ainda assim, uma comunidade de amor manifestada em três pessoas: o Pai, o Filho e o Espírito Santo. Essa doutrina de Deus como Trindade surgiu nos primeiros séculos da história cristã. Acreditava-se que Jesus havia revelado um relacionamento com Deus, um amor entre o Pai e o Filho expressado por intermédio do Espírito Santo, e que não poderia ser explicado de nenhuma outra forma.

Aquilo em que os cristãos acreditam pode ser mais bem sintetizado como uma história de amor — compartilhado, perdido e redescoberto —, e poderia ser expressado com propriedade da seguinte maneira:

Deus, que é amor, escolhe compartilhar a dádiva da existência, bem como o próprio dom do amor. Assim, Deus cria um cosmos, e dentro desse cosmos Ele cria a humanidade, gerada à sua própria imagem, ou seja, dotado de vida, liberdade e capacidade de amar. Contudo, os seres humanos abusaram dessa liberdade e optaram pelo egoísmo, em vez do amor, com consequências desastrosas para si e para o restante da criação. Deus vê o sofrimento da humanidade e oferece resgate, entrando no mundo que criou e se tornando homem. Ele nasce como Jesus Cristo, totalmente humano e totalmente Deus. No lugar das pessoas, e em nome delas, Jesus restaura as relações humanas com Deus ao optar pelo amor, em vez do egoísmo, e assim reverte o grande erro cometido pelo homem.

Esse amor perfeito, que surge na pessoa de Jesus Cristo, provoca uma reação ambígua por parte das criaturas de Deus, prejudicadas e alienadas por causa do pecado. Algumas pessoas reagem com fúria e violência, crucificando o Deus-homem; outras o reconhecem e se permitem nascer de novo com ele. Com a intenção de levar a salvação a todos, incluindo aqueles consumidos pelo ódio, Deus transforma a crucificação (o que havia de pior em termos de pecado e violência humanos) no próprio meio pelo qual sua graça e seu amor passam a ser derramados no mundo.

Para completar a redenção — e como um sinal de que ele é, de fato, o Deus completamente encarnado em forma humana —, Jesus ressuscita dentre os mortos. Ele reúne os discípulos e os envia pelo mundo como testemunhas de sua morte e ressurreição, com um evangelho (boas-novas) a ser proclamado. As boas-novas, que eles proclamam e procuram encarnar em uma nova comunidade chamada Igreja, é que em Cristo todo pecado humano foi julgado e perdoado. Por causa desse julgamento e desse perdão, os seres humanos são convidados a começar do zero, a "nascer de novo" e a entrar em um relacionamento de amor com Deus e uns com os outros. Esse relacionamento não só florescerá nesse mundo, como também durará para sempre no céu.

6

O que fazem os cristãos?

Será que existe alguma fórmula de prática e devoção que todos os cristãos possam seguir e, feito isso, sintam que tenham cumprido seus deveres religiosos? A resposta é um enfático não. Como vimos, Jesus se levantou contra as leis e as regras de seu tempo. No lugar delas, ele propôs um novo mandamento de amor. Isso coloca sobre as comunidades cristãs (e sobre os cristãos, individualmente) a responsabilidade de discernir, diante das circunstâncias que os cercam, qual é a verdadeira trilha que leva ao amor a Deus e ao próximo, como e quando deve ser seguida. Os cristãos são orientados pelas parábolas do Reino, pelas palavras da Oração do Senhor (o Pai Nosso), pelas bem-aventuranças (um termo que usam para as bênçãos especiais que Jesus pronunciou sobre os pobres e humildes) e pelos exemplos daqueles que os precederam; mas, em última análise, eles devem exercer sua liberdade e sua capacidade de discernimento como filhos de Deus, e não como servos covardes.

Apesar disso, há certas práticas e tradições, ritos memoriais e de conexão que, se não constituem regras em si, formam uma estrutura dentro da qual a nova vida pode ser vivida. Essa estrutura é construída e reafirmada a cada geração da fé. Ela pode ser resumida em oração, sacramento e caridade. Tal estrutura capacita os cristãos a manter contato com a sua comunidade, com os ensinamentos de sua fé e, o mais importante, com o próprio Deus.

Oração

A oração é a chave. Os cristãos creem que, por intermédio de Jesus, suas orações são levadas até o coração de Deus, e que o próprio Cristo intercede por eles, neles e com eles. A maioria dos cristãos reconhece que precisa beber sempre desse rio de oração e levar as preocupações diárias a ele, recebendo a purificação e a orientação. A oração é tanto um ato privativo quanto coletivo; desse modo, mais uma vez, os cristãos de todas as denominações reconhecem a necessidade de se encontrar e reunir. A oração é uma atividade que envolve toda a igreja, o que inclui a "igreja triunfante", ou seja, os santos que estão no céu e o próprio Jesus Cristo, intercedendo a nosso favor. Essa noção da comunhão de santos — uma troca de intercessão e encorajamento entre cristãos em sua peregrinação na terra e aqueles que estão em glória no céu — é especialmente enfatizada nas igrejas católica e ortodoxa. Quando oramos, unimos nossas orações a toda a população do céu; todos os santos intercedem por nós. Para os cristãos católicos e ortodoxos e para muitos anglicanos, Maria, a mãe de Jesus, é a santa intercessora por excelência. Sua obediência, sua disposição de cumprir a Palavra de Deus ao conceber e dar à luz Jesus, suas palavras proféticas no *Magnificat*, sua presença quando Cristo foi crucificado e no momento do Pentecoste, tudo isso fez dela um modelo de oração e um canal de graça. Muitos cristãos católicos rezam o rosário, grupo de preces recitadas e contadas em um colar de contas que invocam, de modo especial, a graça e o amor de Maria e o exemplo de sua disposição de servir a Deus. O rosário inclui orações ao Pai (o Pai Nosso e o Glória ao Pai), mas também preces diretas a Maria: "Santa Maria, mãe de Deus, orai por nós, pecadores, agora e na hora de nossa morte." Alguns protestantes só permitem que as orações sejam dirigidas diretamente a Deus por intermédio de

Cristo, mas para milhões de pessoas, dirigir-se a Maria e aos outros santos diretamente, juntando-se a eles em oração pelo mundo, é parte essencial, feliz e confortante da experiência cristã. O dia tradicional dessa devoção é o domingo, chamado o Dia do Senhor porque foi o mesmo de sua ressurreição. É no ato de se reunir como igreja que os cristãos têm acesso a outro elemento essencial da vida espiritual: o campo do sacramento.

Sacramento

O sacramento tem sido definido como "um sinal externo e visível de uma graça interna e espiritual". Os dois principais sacramentos reconhecidos universalmente pelos cristãos são o batismo e a Santa Comunhão. O batismo, lavagem ritual que, em alguns casos, envolve imersão completa, é o rito de entrada na fé cristã, e só pode acontecer uma vez. Seu significado é captado em um antigo termo da língua inglesa: *christened* ("batizado em uma igreja cristã"). Quando uma pessoa é batizada, ela passa a fazer parte do corpo de Cristo, e ele também passa a fazer parte dela. Outra imagem recorrente para o significado do batismo é a do novo nascimento. O cristão emerge das águas do batismo nascido de novo, dessa vez não mais como um simples filho de pais terrenos, mas um filho de Deus. O batistério ou a pia batismal é o ventre da Igreja. Igrejas católicas, ortodoxas e várias protestantes praticam o batismo de crianças, mas outras igrejas protestantes (particularmente a batista) acreditam que esse rito é exclusivo para adultos que tomaram a decisão madura de se comprometer com Cristo.

O significado da Santa Comunhão (Santa Ceia ou Eucaristia) foi discutido em capítulos anteriores. Para católicos, ortodoxos e muitos anglicanos e metodistas, trata-se de um rito central em que os crentes cristãos encontram sua mais profunda unidade e comunhão com Deus e uns com os outros. Além disso, recebem o alimento espiritual para que se fortaleçam na vida diária. Tais igrejas celebram a Ceia semanal e até diariamente. Outras, como acontece na tradição presbiteriana, podem celebrar esse rito somente a cada dois ou três meses, preferindo se concentrar na leitura e no ensino das Escrituras em suas reuniões semanais. Ainda assim, trata-se de uma prática fundamental para compreender como viver a vida do Cristo ressurreto no mundo. Igrejas protestantes tendem a limitar a noção do sacramento a esses dois ritos. Católicos e ortodoxos incluem o casamento, a confissão e o perdão dos pecados e a unção dos enfermos e moribundos entre os sacramentos.

Alguns cristãos vão além e sustentam que a encarnação de Deus em Cristo introduz um princípio sacramental no cosmos e que em qualquer lugar ou hora Deus pode se revelar e comunicar-se conosco por meio da transformação espiritual de coisas materiais.

Caridade

Ainda que não haja leis universalmente aceitas ou um conjunto formal de regras, todos os cristãos reconhecem que doar àqueles que se encontram em necessidade é parte essencial da vida e da prática cristãs. A palavra "caridade" tem raiz no latim *caritas*, usado na tradução da palavra grega *ágape*, a qual descreve o amor de Deus pela humanidade, revelado em Cristo. Os cristãos procuram, por meio de ofertas e obras de caridade, agradecer por terem recebido esse amor, transmitindo-o a outras pessoas.

Muitas igrejas mantêm a prática da entrega do dízimo, incentivando todos os membros a dar 10% de sua renda, para ser usada em benefício dos pobres. Em todas as gerações, sempre houve cristãos que quiseram ir além para imitar o exemplo de

Cristo, abrindo mão de tudo em nome dele. A pobreza voluntária dos monges e das freiras sempre foi um sinal relevante, diante do mundo, da importância de se priorizar Deus sobre os bens materiais. No âmago dessas práticas está a noção de mordomia, a ideia de que todas as coisas, incluindo as que ingenuamente chamamos "nossa propriedade", pertencem, na verdade, a Deus; não somos os donos, mas os administradores de sua boa criação.

Variações da experiência cristã

É impossível resumir o que os cristãos fazem ou como adoram a Deus. Não existe nada equivalente a uma prática universalmente aceita, como os cinco pilares do islamismo, embora a oração, os sacramentos e a caridade componham algo equivalente. A característica mais marcante do cristianismo é a maneira pela qual culturas tão radicalmente diferentes (assim como denominações e pessoas diferentes) encontram, dentro da estrutura dessa fé que comungam, a satisfação de suas mais profundas aspirações. Para alguns, trata-se de uma vida de penitente abstinência; para outros, de alegria e gratidão. Há quem considere o cristianismo uma crítica profética do mundo, que conduz a uma ação radical e ao comprometimento político. Também existem aqueles que veem nela uma convocação mística que leva à contemplação e a uma profunda paz interior.

O cristianismo já aguçou a imaginação de grandes artistas e poetas, mas também instigou e orientou o raciocínio de grandes cientistas. É claro que essa variedade de experiências interiores e práticas exteriores tem seu lado negativo, dando espaço para o surgimento de divisões, conflitos e até mesmo guerras religiosas, mas também ajudou muitas pessoas a construir e vivenciar um modelo comunitário no qual a unidade essencial em Cristo permite o florescimento de uma extraordinária diversidade — algo que São Paulo compara ao corpo humano, cujas partes se complementam exatamente porque são diferentes.

7

O cristianismo no mundo

Política e paz

Existe algo que possa ser chamado "Estado cristão" ou "programa político cristão"? Essa pergunta já estava no ar desde a última semana da vida de Jesus. Havia uma grande expectativa de que seu messiado envolvesse a tomada do poder político das mãos dos romanos e o estabelecimento de Israel como uma realidade política e espiritual. A resposta desafiadora de Jesus a uma pergunta objetiva sobre tributação tem sido, desde então, alvo da reflexão cristã.

> Assim, os espiões lhe perguntaram: "Mestre, sabemos que falas e ensinas o que é correto e que não mostras parcialidade, mas ensinas o caminho de Deus conforme a verdade. É certo pagar imposto a César ou não?" Ele percebeu a astúcia deles e lhes

> disse: "Mostrem-me um denário. De quem é a imagem e a inscrição que há nele?" "De César", responderam eles. Ele lhes disse: "Portanto, deem a César o que é de César, e a Deus o que é de Deus." E não conseguiram apanhá-lo em nenhuma palavra diante do povo. Admirados com a sua resposta, ficaram em silêncio. (Lucas 20:21-26)

Aquele silêncio foi seguido de um debate apaixonado que pode ser resumido da seguinte maneira: A escola teocrática de pensamento afirma que todas as coisas pertencem a Deus, inclusive "o imperador" e todo o seu poder. Segundo essa análise, a Palavra de Deus, revelada nas Escrituras e nos ensinamentos da Igreja, deve ter prioridade sobre qualquer outra filosofia ou ideologia e ser a base da lei e da sociedade civil.

Esse ponto de vista, que reaparece de tempos em tempos e de várias formas ao longo da história cristã, é dotado de uma simplicidade envolvente, mas também está carregado de problemas. Em primeiro lugar, qualquer interpretação das Escrituras é necessariamente seletiva e problemática, o que abre espaço para jogos de poder meramente humanos entre clérigos e outros intérpretes. Segundo, a convocação que Jesus faz para um relacionamento pessoal de amor com

Deus e uns com os outros não pode ser objeto de legislação. A virtude é um valor que não pode ser imposto por meios legais, pois só é possível legislar sobre ações externas, e não sobre o coração. E era para o interior das pessoas que Jesus estava apontando. A vida cristã é uma jornada ou peregrinação; as pessoas estão em diferentes estágios dessa jornada — elas tomarão rotas diversas e levarão períodos de tempo diferentes para completá-la. Tentar criar uma comunidade perfeita e sem pecados por meios legais só serve para incentivar a hipocrisia e os ardis.

Uma segunda escola de pensamento teve em Santo Agostinho (354-430) seu precursor. Ele escreveu o livro *A cidade de Deus* em resposta à queda de Roma, em 410. A ruína de uma cidade supostamente eterna foi um acontecimento que causou o mesmo tipo de trauma e introspecção provocado nos Estados Unidos em 2001, com a destruição das Torres Gêmeas. A reação de Agostinho à queda de Roma não foi a de negligenciar a ordem política do mundo. Tampouco ele a divinizou, como havia acontecido com Roma. Ele enxergava a existência dos reinos sagrado e secular lado a lado — distintos, porém participando de uma parceria temporária. Para ele, o governo é um mal necessário, ainda que temporário. Enquanto estamos na terra, precisamos de instituições que possam conter o que temos de pior em termos de ganância e egoísmo. Essas instituições devem estabelecer a ordem civil e a liberdade pessoal, o que nos permite viver uma vida produtiva e dar conta da grande tarefa de nos prepararmos para uma vida perfeita com Deus no céu.

Por pertencermos, em última análise, à cidade de Deus, nenhuma cidade terrena pode ou deve demandar nossa lealdade definitiva. Agostinho argumenta que, sendo cristãos, devemos buscar o bem da comunidade em que vivemos e oferecer as percepções de nosso evangelho como orientação para seus líderes. O Estado secular pode ser beneficiado a partir da presença cristã, incentivando a virtude entre os cidadãos e oferecendo orientação à liderança. Os cristãos, por sua vez, são compensados com a possibilidade de viver em um Estado bem ordenado, o qual lhes fornece a segurança para colocar em prática e compartilhar a fé. No entanto, a *polis* terrena nunca pode se esquecer de que está o tempo todo sob o julgamento de Deus. Essa visão continua exercendo grande influência, e pode ser identificada, nas mais variadas formas, nas relações entre Igreja e Estado em muitos países hoje em dia, como acontece, por exemplo, na Alemanha e na Inglaterra.

Uma terceira escola de pensamento cristão, mais radical no que diz respeito a esse assunto, tem suas raízes na primazia do livre-arbítrio presente na doutrina cristã. Os partidários dessa visão defendem que a liberdade de escolha (e, portanto, a necessidade de enfrentar a tentação) é parte essencial do decreto divino, dando lugar — como, de fato, o faz — para o amor. Afinal, sem liberdade, não pode haver amor real. Se um parceiro, em qualquer relacionamento amoroso, é tão dominante e poderoso a ponto de evitar que o outro faça uma escolha real, então o amor oferecido em troca não pode mesmo ser autêntico, pois não se trata do resultado de uma escolha livre. Assim, a liberdade do indivíduo, incluindo a de errar, é fundamental. Conclui-se, então, que qualquer tipo de governo deve ser reduzido ao mínimo, e as pessoas devem ficar à vontade para buscar a própria salvação ou confirmar a condenação por meio das ações que escolhem.

Essa visão, predominante nos Estados Unidos e que remete ao puritanismo radical dos Pais Peregrinos, se opõe à ação compassiva por parte do Estado quando esse apoia os pobres da sociedade — não porque tais atos de compaixão sejam errados, mas, pelo contrário, porque a caridade (a antiga palavra que as Escrituras usam para o amor) é direito e dever dos cristãos e das igrejas, e não do Estado secular. Paradoxalmente, isso conduz à oposição de cristãos e igrejas a programas políticos que poderiam, sem dúvida, prover alimento para os que têm fome e aliviar o sofrimento dos encarcerados — as mesmas coisas que Cristo ordenou que seus discípulos fizessem. Mas eles estão convencidos de que esses atos de compaixão não têm sentido, ou são moralmente comprometedores, quando a iniciativa parte do Estado, e não das pessoas ou associações de voluntariado.

Por tudo isso já ter se revelado historicamente desastroso (como os ingleses aprenderam na crueldade da guerra civil), a visão teocrática já não prevalece hoje em dia. No entanto, as outras duas visões são, com certeza, ainda muito difundidas, e podem ser vistas influenciando a política de todos os países onde o cristianismo predomina.

Uma consequência do desenvolvimento (nesses diversos modelos) de estados e até impérios cristãos foi a contraposição do novo mandamento de Jesus — amarmos uns aos outros de maneira absoluta e incondicional — ao sofisticado exército do império romano e ao militarismo fortemente enraizado nas culturas pagãs europeias. Poderiam os ensinamentos de Jesus ser aplicados em âmbito nacional, como acontecia em nível pessoal? É profunda a divisão dos cristãos quanto a essa questão. O cristianismo não constitui um programa monolítico, mas uma série de respostas imperfeitas à convocação divina ao amor. O próprio Jesus não portava armas, e convocou repetidas vezes seus discípulos não apenas a amar a Deus e ao próximo, mas também a seus inimigos:

> Vocês ouviram o que foi dito: "Olho por olho e dente por dente." Mas eu lhes digo: Não resistam ao perverso. Se alguém o ferir na face direita, ofereça-lhe também a outra. E se alguém quiser processá-lo e tirar-lhe a túnica, deixe que leve também a capa. Se alguém o forçar a caminhar com ele uma milha, vá com ele duas. Dê a quem lhe pede, e não volte as costas àquele que deseja pedir-lhe algo emprestado. Vocês ouviram o que foi dito: "Ame o seu próximo e odeie o seu inimigo." Mas eu lhes digo: Amem os seus inimigos e orem por aqueles que os perseguem, para que vocês venham a ser filhos de seu Pai que está nos céus. Porque ele faz raiar o seu sol sobre maus e bons e derrama chuva sobre justos e injustos. (Mateus 5:38-45)

Cristo denunciou a futilidade da violência e mostrou como as armas só servem para uma coisa: aqueles que vivem pela espada também morrerão por ela. Do mesmo modo, quando homens armados chegaram para prendê-lo, Jesus não resistiu com violência, e ainda impediu que seus discípulos agissem desse modo. Sua reação à violência na cruz foi a de derrotá-la com amor misericordioso. Considerando a clareza desse ensinamento, alguém poderia pensar que o cristianismo deveria ser necessariamente pacifista desde o início. De fato, sempre houve um testemunho pacifista consistente dentro do cristianismo, atualmente manifestado de modo contundente por grupos como os quacres e os menonitas. Esses grupos sustentam que devemos apenas obedecer aos mandamentos de Jesus e confiar nele quanto aos resultados, assim como o próprio Cristo confiou em Deus quando estava preso à cruz.

Por outro lado, os cristãos que defendem o uso das armas como um mal necessário lembram que Simão Pedro carregava uma espada consigo no jardim do Getsêmani. Embora Jesus tenha curado o homem com quem Pedro lutara, ele não o impediu de portar aquela arma. Além disso, eles também argumentam que amar o próximo ou a família pressupõe protegê-los. Tal proteção, organizada em escala nacional, demandará o uso de armas e a formação de um exército. Uma análise mais clara e cuidadosa dessa posição pode ser encontrada nas obras de Santo Tomás de Aquino, que procura conceber, sem paixão, sob quais condições poderia haver uma "guerra justa". Sua teoria da guerra justa ainda é citada e exerce forte influência, embora muitos cristãos acreditem que a natureza dos armamentos atuais e a rotina de baixas entre a população civil tornariam impossível que uma guerra moderna satisfizesse os critérios de Tomás de Aquino.

Lidando com as diferenças

A história da Igreja deixa claro que existem e sempre existiram diferenças reais de opinião e julgamento entre as comunidades cristãs, assim como entre as pessoas dentro dessas comunidades, a respeito de questões relacionadas à fé e à prática. Os primeiros discípulos podiam consultar Jesus, e mesmo assim há registros de que ele tinha de corrigir pacientemente as interpretações equivocadas e lidar com manifestações de ciúme e rivalidade. À ascensão de Jesus aos céus seguiu-se o prometido envio do Espírito Santo, responsável por conduzir a Igreja a toda verdade. Mas os primeiros cristãos precisavam aprender a arte de discernir o que o Espírito estava dizendo a eles, seja por inspiração direta, seja por meio de debates. Eles tinham de passar suas percepções pelo crivo das lembranças preciosas que carregavam das palavras do próprio Jesus e dos primeiros apóstolos.

Com o tempo, essas lembranças, além das primeiras inspirações e dos debates, vieram a ser colocadas na forma escrita, compondo o Novo Testamento — o qual, ao lado das tradições orais passadas adiante na liturgia e das decisões dos concílios eclesiásticos, se tornou fonte de autoridade para a Igreja. Desde o início, existiam discordâncias sobre o peso e a fonte dessa autoridade. Os ortodoxos conferiram maior peso aos credos e aos concílios; os católicos ocidentais, ao papa como sucessor de Pedro, o chefe dos apóstolos; e os reformadores protestantes preferiram concentrar a autoridade somente na Bíblia. Mesmo dentro dessas amplas divisões, certamente havia diferenças, posto que as declarações oficiais de cada uma dessas autoridades sempre davam margem a uma enorme variedade de interpretações. No entanto, a questão crucial para a Igreja não eram as discordâncias em si, mas como lidar com elas. Seria possível viver em harmonia e reconhecer a fé um do outro, mesmo discordando radicalmente a respeito da forma de se colocar em prática muitos dos ensinamentos cristãos? A vontade de Jesus em relação a essa questão, como apresentada no Evangelho de

João, parece bem clara. Ele é apresentado orando por seus seguidores e por aqueles que os sucederiam com estas palavras:

> Minha oração não é apenas por eles. Rogo também por aqueles que crerão em mim, por meio da mensagem deles, para que todos sejam um, Pai, como tu estás em mim e eu em ti. Que eles também estejam em nós, para que o mundo creia que tu me enviaste. Dei-lhes a glória que me deste, para que eles sejam um, assim como nós somos um: eu neles e tu em mim. Que eles sejam levados à plena unidade, para que o mundo saiba que tu me enviaste, e os amaste como igualmente me amaste. Pai, quero que os que me deste estejam comigo onde eu estou e vejam a minha glória, a glória que me deste porque me amaste antes da criação do mundo. (João 17:20-24)

Considerando essa oração de Jesus, a história das divisões e rivalidades dentro do cristianismo é ainda mais sombria e trágica para o crente do que para o observador externo. O erro cometido por todas as igrejas até os últimos séculos tem sido o de acreditar que a unidade só pode ser alcançada por meio do conformismo doutrinário, e tal conformismo pode ser imposto do alto sobre as pessoas. O resultado se traduz em cismas e até guerras entre grupos de pessoas que declaram agir em nome do mesmo Salvador amoroso. A unidade não pode ser encontrada em um simples conjunto de palavras ou em uma fórmula, na passagem bíblica favorita ou no pronunciamento papal, pela simples razão de que o cristianismo descobre sua verdadeira unidade apenas no próprio Cristo. Para os cristãos, Jesus é a primeira e definitiva Palavra de Deus. Não se trata de um livro ou uma fórmula, mas de uma pessoa, e a única maneira de todos os cristãos encontrarem a unidade não é concordando sobre ele, e sim, se relacionando com ele.

No século anterior, grandes passos foram dados dentro do cristianismo em âmbito mundial no sentido de restaurar divisões do passado; de reconhecer e agir de acordo com uma unidade concedida por Deus, e não imposta pelo ser humano. Esse movimento, chamado "ecumênico" (da palavra grega *oikumene*, que significa "o mundo não habitado"), tem mostrado como os cristãos que guardam diferenças significativas de opinião sobre questões importantes podem experimentar juntos uma comunhão real em Cristo e a renovação do amor de uns pelos outros e de todos pelo mundo. Agindo assim, eles estão servindo como modelos de vida comunitária, atitude que reconhece e valoriza a diversidade. Esse jeito de agir não apenas está em harmonia com as orações originais de Cristo, como também oferece uma compreensão da diversidade que será essencial no desenvolvimento do mundo nesse século. Isso porque as diferenças dentro das profissões de fé, bem como entre uma e outra, podem se tornar tanto uma fonte constante de conflitos e contendas quanto a chave para um novo tempo de entendimento e iluminação mútuos.

O cristianismo e outras crenças e ideologias do mundo

Como uma das mais importantes religiões do mundo, o cristianismo lida com muitas das diversas questões que afligem outras crenças, como sofrimento e redenção, esperança e responsabilidade. Tal como acontece com outras profissões de fé, ele encoraja a compaixão por aqueles que se encontram em necessidade, ao mesmo tempo em que convoca seus adeptos a transcender as estruturas da experiência secular comum. Contudo, diferentemente de algumas religiões e ideologias de âmbito mundial, o cristianismo reivindica, de modo particular e exclusivo, a prerrogativa de ser a religião verdadeira, o que, em termos de proposta, vai de encontro à mesma reivindicação por parte de outras religiões, por mais elementos em comum que haja entre seus adeptos.

Por exemplo, o cristianismo declara que Jesus foi o Messias santo de Deus, e que o Criador endossou essa identidade ao ressuscitá-lo dentre os mortos. Essa declaração é necessariamente contestada pelo judaísmo, o qual ainda espera pela vinda de um Messias. Também é contestada pelos muçulmanos que, se respeitam Cristo como um santo profeta, nascido de uma virgem, não aceitam a ideia de que Deus, compassivo e misericordioso, permitiria sua morte em uma cruz.

Apesar disso, o cristianismo tem, de fato, fortes ligações com o judaísmo e o islamismo. Adeptos das três crenças veem uns aos outros como filhos de Abraão, e professam a fé no Deus de Abraão, de Isaac e de Jacó. As três religiões entendem que Deus é um Criador transcendente, o Santo diante de quem nos prostramos em temor e sob julgamento, mas que também é amoroso e misericordioso. As três proclamam que Deus nos perdoa constantemente e renova a cada dia seu convite à obediência santa. Para os judeus, essas verdades são reveladas na Torá; para os muçulmanos, no Alcorão; e para os cristãos, elas são reveladas na pessoa de Jesus Cristo.

Alguém pode achar que tudo isso seria suficiente como medida de entendimento para seguir em frente e formar uma base de colaboração e diálogo entre os três "povos do livro" — e é, de fato, para algumas pessoas. Infelizmente, o zelo com o qual adeptos dessas três religiões têm procurado defender a própria fé como absoluta, demonizando as demais, tem produzido falta de entendimento e até mesmo violência entre eles, a ponto de o diálogo só se tornar possível depois de haver perdão e superação do histórico de dor e ressentimento.

No que concerne a essa questão, o registro histórico do cristianismo é particularmente ruim. Jesus era um judeu, assim como todos os apóstolos. São Paulo especulou a respeito da inclusão total de todo o povo judeu no plano de Deus para a salvação (cf. Romanos 11). No entanto, apesar disso, desde o início da história cristã, passagens do Evangelho de João que retratam a perseguição inicial da Igreja (então compreendida como uma seita resultante de uma cisão do judaísmo) têm sido usadas, com frequência, para justificar a deflagração de atos de violência antissemita. Os acontecimentos terríveis do Holocausto possivelmente tinham mais a ver com a perversão da ciência e com a ideologia semissecular, quase mística, do nazismo. As igrejas cristãs, porém, poderiam (e deveriam) ter feito muito mais para resistir a isso. O cristianismo se esqueceu de suas raízes e contribuiu com o clima de opinião dentro do qual uma ideologia altamente venenosa conseguiu se formar.

Do mesmo modo, a história das relações entre o cristianismo e o islã é, com raras exceções, lamentável. Os cristãos deveriam se alegrar com a conversão de povos politeístas ao monoteísmo, ansiosos por honrar a Deus em Jerusalém e reverenciar a pessoa de Jesus. Em vez disso, eles optaram por ver a Terra Santa como posse exclusiva, a ponto de defendê-la com o uso da espada. Entre 950 e 1350, multidões de cristãos saíram da Europa em direção ao Oriente Médio para "libertar" os lugares santos das mãos dos muçulmanos e supostamente defender Bizâncio contra os turcos em uma série de guerras chamadas Cruzadas. Na verdade, essa cultura de violência foi de tal maneira removida do princípio do amor que os cruzados não apenas atacaram os muçulmanos e judeus, como também promoveram massacres contra cristãos. Em 1204, os cruzados cristãos do Ocidente chegaram à cidade santa de Bizâncio, a joia da Igreja do Oriente, lugar que, pelo menos na teoria, deveriam defender contra os turcos. Decepcionados por não terem sido capazes de devastar Jerusalém, eles saquearam Bizâncio, ao invés de protegê-la, e profanaram o altar e os ícones da igreja de Santa Sofia, a igreja da sabedoria divina — hoje em dia, uma mesquita. Esses episódios violentos provocaram, ao mesmo tempo, animosidades entre o cristianismo e o islã e entre os cristãos ortodoxos do Oriente e os católicos do Ocidente.

Ao mesmo tempo, havia outra história em curso. Assim como as ordens monásticas constituíam uma forma de promover o equilíbrio de uma Igreja secularizada, sábios e acadêmicos das três religiões trilhavam um novo caminho em meio a tantas depredações. O filósofo judeu Moisés Maimônides foi influente entre acadêmicos ocidentais que liam suas obras. Estudiosos islâmicos disponibilizaram textos gregos clássicos para o Ocidente, e teólogos cristãos encontraram nele uma integração entre teologia e razão. Em meio às cruzadas, São Francisco de Assis, profundamente incomodado com tanta violência, buscou contato pessoal com o sultão como uma melhor maneira de avançar no diálogo. E no século XIV, o místico Raymond Lull foi pioneiro na tentativa de encontrar, nas Escrituras hebraicas e nas tradições de comentários místicos nelas contidos, uma linguagem e um espaço comum para o diálogo entre as três profissões de fé. Esses primeiros esforços pela paz entre os filhos de Abraão — paz que lhes permitiria dialogar sobre suas diferenças e, ainda assim, honrar a fé um do outro — têm sido retomados em tempos mais recentes. Considerando o clima político atual, tal diálogo é mais necessário do que nunca.

Essa canção, de autoria do cantor e compositor Steve Earle, expressa a esperança pela paz entre os três "povos do livro":

JERUSALÉM

Acordei esta manhã e nenhuma das notícias me agradou
E máquinas de morte faziam a terra tremer
No chão por onde Jesus andou
E o homem da TV me disse que sempre fora assim
Não havia nada que se pudesse fazer, enfim
E quase dei ouvidos a ele
Sim, quase me desencantei
Então voltei a raciocinar
E para dentro de meu coração olhei
Eu creio que, em um belo dia, todos os filhos de Abraão
Suas espadas em Israel para sempre deixarão
Bem, talvez seja apenas um sonho, talvez eu não seja um sujeito normal
Mas até onde me lembro, não aprendi a odiar na escola dominical
Me desgarrei e não olhei para trás em nenhum momento da jornada
Mas ainda encontro consolo quando não resta mais nada

Então se aproxima a tempestade
E não posso me proteger
O tambores voltam a soar
Um som que não posso conter
Mas eu creio que há de chegar o dia em que o cordeiro e o leão
Em Jerusalém, juntos e em paz, habitarão
E todas as barricadas retiradas serão
Não haverá muros ou cercas
Lavaremos todo esse sangue de nossas mãos
E o ódio da alma desaparecerá
E eu creio naquele dia em que todos os filhos de Abraão
Suas espadas em Israel para sempre deixarão

Mas o que dizer das relações entre o cristianismo e outras religiões além dos "três povos do livro", como o hinduísmo e o budismo? As diferentes ramificações do cristianismo têm reagido de maneiras diferentes, dependendo dos pressupostos teológicos que adotam. Às vezes, alguns fundamentalistas que tendem a ver outras profissões de fé a partir de discursos conservadores contra a idolatria baseados no Antigo Testamento demonizam todos os outros sistemas religiosos e culturas e pedem aos que se convertem que comecem tudo de novo a partir do zero.

Os primeiros missionários católicos (e, mais tarde, muitos protestantes) — especialmente aqueles que aprenderam algo das línguas, dos dialetos e da cultura da Índia para traduzir a Bíblia, usaram uma abordagem mais sofisticada, a mesma que a Igreja primitiva usou em seu contato com o politeísmo e a filosofia da Grécia antiga. A ilustração clássica para esse encontro é a história narrada no livro de Atos dos Apóstolos sobre a passagem de Paulo por Atenas. Vendo um altar "ao deus desconhecido", ele disse: "Ora, o que vocês adoram, apesar de não conhecerem, eu lhes anuncio." (Atos 17:23). Ele prosseguiu, citando um poeta pagão grego como testemunha das verdades a respeito de Deus também reveladas nas Escrituras. A teologia por trás dessa abordagem é que Deus já está trabalhando em culturas e pessoas que ainda não ouviram as boas-novas de como ele encontra e salva a humanidade em Cristo. A revelação cristã virá como um julgamento sobre certos aspectos de qualquer cultura, mas também como satisfação às suas mais profundas necessidades, uma confirmação das profecias e uma interpretação de seus maiores símbolos e relatos religiosos.

Nesse contexto, a tarefa do missionário cristão é exercer discernimento e estabelecer diálogo e não destruir de modo autoritário o que encontra. Dois exemplos poderosos desse tipo de abordagem podem ser encontrados no trabalho missionário de Mateus

Ricci, na China, no século XVI, e de Bede Griffiths, na Índia, no século XX. Ricci aprendeu mandarim e mergulhou na cultura de Confúcio, tornando-se um respeitável mestre de seus textos. Em seguida, dentro daquele contexto e tradição, começou a compartilhar os conceitos do evangelho cristão que contrastavam e complementavam a cultura que o cercava. Bede Griffiths foi além nessa abordagem. Ele reconheceu, no que havia de mais profundo da filosofia hindu, correções necessárias ao raso materialismo científico do Ocidente, assim como as tradições indianas de ascetismo carregam uma crítica implícita ao consumismo ocidental. Para Bede Griffiths, a experiência da Índia foi um chamado para que o Ocidente redescobrisse algumas das próprias raízes abandonadas. Desse modo, o encontro missionário se torna uma genuína conversa de duas vias.

Além do evangelismo, ou diálogo filosófico, talvez a mais importante arena de encontro entre o cristianismo e outras religiões esteja no campo da experiência mística. Considerando que existem grandes e aparentemente inconciliáveis contradições entre a fé cristã e as demais em termos de dogma e credo, pensadores de várias linhas encontraram muitas coisas em comum e deram início a um diálogo frutífero. Boas conversações foram encetadas, como o encontro apropriadamente realizado na cidade de Assis, em 1987, incentivado tanto pelo Dalai Lama quanto pelo papa João Paulo II. A vida e os escritos de Thomas Merton, monge contemplativo que conta com amplo espectro de leitores entre católicos e protestantes, mostram como pode ser rico um encontro profundo entre o cristianismo e outras religiões. William Johnston, sacerdote jesuíta no Japão, também descobriu conceitos da filosofia Zen que enriquecem a fé cristã no lugar de afastar as pessoas dela. Encontros entre as crenças nessa dimensão experimental devem servir para complementar o diálogo e gerar propostas em relação aos pontos de discordância, se é que as pessoas religiosas de todo o mundo desejam, de fato, buscar elementos que promovam a paz.

O cristianismo e novas questões éticas

Considerando que o cerne do cristianismo é aprender a amar as pessoas, e não seguir um programa, é importante reagir diante dos novos desafios éticos que podem não ter sido previstos nas Escrituras que fundamentam a fé. Os pensadores cristãos têm procurado analisar cada questão à luz dos dois mandamentos básicos: amar Deus e o próximo. Mas o problema de como interpretar os mandamentos, de discernir qual o curso de ação que melhor traduz o amor em determinadas circunstâncias, tem dividido os pensadores e comunidades cristãos.

Tomemos as questões levantadas a partir do mapeamento do genoma humano com todas as possibilidades que oferece em termos de tratamento, mas também de engenharia genética a serviço de uma filosofia seletiva de seres humanos. Para algumas pessoas, o imperativo do amor ao próximo significa não negar àqueles que estão enfermos a possibilidade de alívio que a terapia genética pode proporcionar. Além disso, se tal tecnologia nos permite identificar e corrigir, antes do nascimento, condições que poderiam resultar em uma vida de incapacidade física, então é possível argumentar que somos moralmente obrigados a prosseguir com as pesquisas. Contrastando com essa postura, outros cristãos enxergam nessa tecnologia mais uma maneira de transformar as pessoas em *commodities*, um aspecto perturbador do materialismo ocidental. Eles podem alegar que, para amar alguém, é preciso primeiro vê-lo como uma pessoa que tem seus direitos, e não como uma mercadoria ou um meio de alcançar outro objetivo qualquer. As pessoas devem ser amadas e apreciadas pelo que são, não por suas conquistas em função de algum nível de capacidade. De acordo com essa visão, o pensamento que se esconde por trás de algumas iniciativas na área da biotecnologia compromete a dignidade da pessoa humana. Isso depende da noção que se tem dos embriões humanos: eles podem ser sacrificados em nome dessa pesquisa? Seriam uma "reserva" de material? Esse conceito já resultou na concepção e no nascimento de crianças com o objetivo de fornecer material de transplante para outros membros da família. No intento de evitar o nascimento de crianças com problemas como, por exemplo, a síndrome de Down, está implícito o julgamento de valor de uma vida humana baseado apenas em suas capacidades ou realizações.

Muitos cristãos, assim como muitos judeus, ao lembrar as experiências sociais e médicas realizadas pelo nazismo, enxergam na nova tecnologia um retorno sutil e disfarçado ao antigo programa de eugenia e seu pressuposto de que alguns seres humanos são superiores e mais valiosos que outros (ou podem ser criados assim). Sejam quais forem os benefícios imediatos dessa tecnologia para algumas pessoas mais afortunadas e privilegiadas que podem se internar nos hospitais do Ocidente, o efeito que exercerá a longo prazo sobre a noção que temos a respeito de nós mesmos e sobre a nossa atitude em relação ao próximo pode ser desastroso, segundo alguns pensadores cristãos.

Outro alvo de grande preocupação para os cristãos contemporâneos é nosso relacionamento, como espécie, com o ambiente. É justo dizer que as igrejas chegaram relativamente tarde a esse assunto, mas agora que há um engajamento sério, muitas pessoas estão descobrindo orientações uteis nas Escrituras cristãs, enquanto a humanidade enfrenta esse grande desafio. Os textos do Antigo Testamento compartilhados entre o cristianismo e o judaísmo possuem uma linha em comum no que concerne ao pacto de Deus com a terra e com o povo. A lei judaica inclui cláusulas relacionadas a um período de descanso da terra, assim como prevê a distribuição justa da colheita. Textos como esse estão sendo relidos e ganharam relevância ainda maior. A história arquetípica de Noé e o Dilúvio, que termina no pacto divino com todas as criaturas e a promessa de renovação, cujo símbolo é o arco-íris, tem sido lida como um relato bem mais sério do que um simples conto para crianças. Ela oferece símbolos importantes para aqueles que cuidam e militam em favor do meio ambiente. O protestantismo ocidental, com sua forte ênfase na salvação individual além desse mundo, negligenciou essa questão no passado, mas hoje está recuperando outros elementos igualmente importantes da fé. São aspectos do cristianismo que evidenciam como todas as coisas, da mesma maneira que acontece com as pessoas, estão coesas em Cristo, e que Deus tem planos de renovar o céu e a terra.

Movimentos teológicos modernos, como a *Christian Ecology Networks* [Rede Ecológica Cristã], estão procurando restabelecer esse equilíbrio e se unir a outras crenças para incluir as questões religiosas na discussão de soluções para a crise ecológica, e não torná-las uma parte do problema. Um valor religioso que o cristianismo compartilha com outras religiões mundiais, necessário como forma de ajustar determinados aspectos da ciência ocidental, é a noção de reverência. A atitude de reverência, de humildade e de temor diante da criação e do Criador é elemento essencial de todas as crenças mundiais, mas tem sido notoriamente afastada dos programas científicos e de esclarecimento do Ocidente nos últimos duzentos anos. Para judeus e cristãos, essa atitude de correta reverência, que deve preceder e guiar a ação correta, é simbolizada pelo mandamento divino dado a Moisés na sarça ardente: "Moisés! [...] tira as sandálias dos pés, porque o lugar em que estás é terra santa."

O que o amor tem a ver com isso?

Como os cristãos interpretam o ensinamento de Jesus a respeito do amor, seja em termos individuais ou em relação à sociedade? O amor que Deus tem pela humanidade e que devemos ter uns pelos outros é imaginado a partir de uma variedade de analogias e símbolos ao longo das Escrituras cristãs. Os cristãos entendem Deus como alguém tão amoroso quanto um pai, como um amigo, como um noivo. O amor de Deus é comparado com o amor de uma mãe pelo filho, terno, compassivo e capaz de fazer todos os sacrifícios, mas não tão brando ou condescendente. O juízo e a misericórdia de Deus são vistos como dois aspectos de seu amor, e ser amado por Deus envolve responsabilidade, assim como graça e liberdade.

Os cristãos creem que Deus perdoa todos os pecados de forma incondicional, não para que possamos chafurdar no erro, mas porque ele deseja nos livrar do pecado, nos dar a liberdade de optar pelo arrependimento e começar tudo de novo. Os cristãos podem argumentar que o amor de Deus não permite a ele descansar diante dos pecados que corrompem e subjugam seu povo, por mais que as pessoas queiram manter o envolvimento com eles. Ele chama os seres humanos à pureza e à perfeição e os leva constantemente ao bom-senso, enchendo-os de um desejo incansável de melhorar as coisas — o que costuma ser chamado "descontentamento divino". O impulso humano para reformar e renovar as pessoas e as sociedades, a revolta e a tristeza diante da injustiça e a repugnância ao mal e à exploração são sentimentos compreendidos como concedidos por Deus. É o Espírito Santo de Deus clamando e se angustiando em meio à humanidade caída. Se esse é o caráter do amor de Deus em relação aos seres humanos, então o amor que os cristãos são convocados a demonstrar pelo mundo não significa aceitação ou acomodação total. Uma frase muito comum nos ensinamentos éticos cristãos é que devemos "odiar o pecado, mas amar o pecador", tanto no que diz respeito aos outros quanto a nós. As verdadeiras dificuldades surgem quando as pessoas tentam interpretar e colocar isso em prática.

Mesmo concordando que todos vivem em um estado pecaminoso, os cristãos, desde o início, guardam diferenças internas quanto à natureza e à gravidade relativa dos pecados individuais. Há um consenso de que o orgulho (incluindo o religioso) é o maior dos pecados e está na raiz da maioria dos outros.

Como os cristãos reagem com amor diante do que concebem como pecados próprios e de outras pessoas?

As atuais discórdias entre cristãos de diferentes culturas sobre a sexualidade constituem um exemplo típico. Os evangelhos registram Jesus falando a respeito da fecundidade e da estabilidade do casamento, e ele usa o matrimônio como metáfora da relação de Deus com Israel. A prática homossexual (não a orientação) é condenada no Antigo Testamento e nas cartas de Paulo, mas não há registro de Jesus falando algo coisa sobre a homossexualidade. Para podermos tecer mais considerações gerais a respeito de nossa luta para encontrar o caminho certo da natureza sexual, o que temos são evidências de sua compaixão, como demonstrada com Maria Madalena — que, acredita-se, era uma prostituta — e com a mulher samaritana, que havia se casado muitas vezes e vivia com um homem fora do matrimônio quando Jesus ofereceu a ela a dádiva de beber de uma fonte a jorrar para a vida eterna (João 4).

Alguns cristãos acreditam que os atos homossexuais são essencialmente pecaminosos, na medida em que não cumprem o que esses cristãos acreditam ser o propósito perfeito de Deus para os seres humanos, tanto no que concerne ao casamento fecundo quanto à castidade. Eles argumentam que a recusa em aceitar a homossexualidade é, por si, a maior atitude de amor que podem demonstrar àqueles que acreditam ser homossexuais. O amor verdadeiro, afirmam, procura libertar a pessoa de seu engano, em vez de ser conivente. Por outro lado, os cristãos que aceitam a orientação e/ou a prática homossexual dizem que preocupações com as manifestações externas e de gênero do corpo com o qual as pessoas amam é uma bobagem. As verdadeiras questões morais enfatizadas por Jesus dizem respeito ao tipo e à qualidade dos relacionamentos interiores uns com os outros. A questão-chave, segundo eles, não é: "De qual gênero é a pessoa a quem você ama?", e sim: "O seu amor produz bondade, carinho, fidelidade, gentileza e perdão?" A presença ou a ausência dessas virtudes no amor não tem nada a ver com gênero, mas tem tudo a ver com a disposição do coração e a vulnerabilidade, posto que foram essas as mesmas características da vida e da morte de Jesus.

Como vimos antes, essas discórdias costumam evocar a relação entre a letra e o espírito das Escrituras. Não pode haver dúvidas a respeito da sinceridade, da convicção e do desejo de demonstrar amor por parte dos cristãos de ambos os lados dessa e de outras discussões que os dividem. Do mesmo modo, não existem dúvidas de que tais disputas conduziram ambos os lados a demonstrações de legalismo indignado e hipocrisia iguais às que Jesus encontrou durante sua vida na terra.

No entanto, para muitos cristãos contemporâneos, especialmente a maioria que vive no mundo desenvolvido, esses debates tão acalorados sobre sexo e sexualidade são apenas assuntos secundários. O verdadeiro desafio que o mundo moderno faz ao jeito cristão de amar está nas relações econômicas, e não nas sexuais. A desigualdade tão grande (e cada vez maior) entre os grupos privilegiados e os que nada possuem é o grande escândalo de nosso tempo. Há uma reação mundial de organizações e grupos de militantes cristãos. Organizações não governamentais com raízes no cristianismo começaram a falar não apenas no alívio da pobreza individual, mas também na solução para os pecados e a ganância das grandes corporações. A Christian Aid, por exemplo, faz caridade e também promove campanhas a favor de relações comerciais mais justas entre as nações. Em sua luta para lidar com a miséria no mundo, diferentes denominações cristãs trabalham lado a lado e junto a pessoas de outras profissões de fé em nome de uma visão comum de justiça. Desse modo, a fronteira para a promoção da paz e da justiça é a mesma para o diálogo entre as religiões, e o terreno sobre o qual o duplo mandamento divino — amar a Deus e ao próximo — pode ser cumprido de maneira mais radical e eficaz.

8

O cristianismo no século XXI

Fundamentos ou fundamentalismo?

Dentro do cristianismo ocidental convivem um fundamentalismo mais ruidoso, por um lado, e o desenvolvimento de uma nova espiritualidade mais aberta, por outro. Seria possível conciliar, de alguma forma, essas duas vertentes?

Trata-se de uma questão crucial para o futuro do desenvolvimento mundial. O surgimento do chamado fundamentalismo (na verdade, uma forma de literalismo) em todas as crenças do mundo é, em minha opinião, um dos mais perigosos processos no mundo moderno. Entre as incertezas e o niilismo da cultura materialista do Ocidente, é natural o retorno aos fundamentos da religião, mas a pergunta é: que fundamentos são esses?

Da maneira como vejo, Jesus ensina que o único fundamento é o amor. O que se considera fundamentalismo (principalmente em algumas igrejas protestantes dos Estados Unidos) é, na verdade, uma insistência defensiva e literal na leitura rasa da Bíblia como verdade absoluta. Os textos bíblicos podem, então, ser usados fora do contexto para reforçar ações e políticas cujas consequências são desastrosas. Muitas pessoas argumentariam que a atual política norte-americana no Oriente Médio foi distorcida por pressões de fundamentalistas cristãos. Essas igrejas acreditam (assim como alguns fundamentalistas judeus) que a ocupação de território e a limpeza étnica descritas tão vividamente no livro de Josué podem ser colocadas em prática novamente hoje em dia, e sob as bênçãos de Deus, pelo Estado secular de Israel. Há quem acredite que as batalhas simbólicas entre o bem e o mal descritas na literatura apocalíptica (Daniel, no Antigo Testamento; Apocalipse, no Novo Testamento) podem e serão travadas sobre o solo santo de Jerusalém entre cristãos e judeus, de um lado, e muçulmanos, do outro. Essa leitura literal do Apocalipse, o mais simbólico de todos os textos bíblicos, tem levado os membros de algumas igrejas dos Estados Unidos a aceitar aquele conflito terrível porque creem que serão poupados de tais horrores ao serem levados nos ares no último minuto, durante o "arrebatamento" (uma interpretação literal da imagem bíblica dos crentes se erguendo para estar com Jesus).

Contrastando com essa situação, muitos cristãos norte-americanos, igualmente inspirados por sua fé, estão na vanguarda dos esforços para promover diálogo e reconciliação entre os povos divididos do Oriente Médio e de outros lugares. O místico inglês William Blake afirmou: "Se o tolo persistir em sua tolice, ele se tornará um sábio."* Tem de haver esperança de que os fundamentalistas dos dois lados aprendam, com a história e a experiência, quais são os verdadeiros fundamentos antes que seja tarde demais para todos.

Aonde vamos agora?

À luz desse breve resumo da fé e da história cristã, seria possível dizer alguma coisa sobre o futuro da Igreja? O conceito de olhar com esperança para o futuro é, em si, parte integrante da fé cristã. Os cristãos acreditam que Deus é o Deus da História, e que, por essa razão, a História tem um propósito. Os cristãos oram diariamente para que o Reino de Deus seja

---

*William Blake, O matrimônio do céu e do inferno, São Paulo: Iluminuras, 2001.

estabelecido na terra. Por isso, são encorajados por sua fé a trabalhar e a viver a partir dos valores desse Reino. Enquanto trabalham para estabelecer esses valores na terra, os cristãos também acreditam que a consolidação final desse Reino — a redenção e a transfiguração de todas as coisas — será resultado da ação direta de Deus. Eles creem que isso poderá ser alcançado por intermédio de Jesus no dia de seu retorno. Algumas pessoas interpretam essa volta prometida como um acontecimento literal visível, quando Cristo fará uma aparição corporal "sobre as nuvens, em grande glória". Outros consideram esse retorno uma promessa de que sua presença oculta e a verdade serão, por fim, manifestadas a todos, e "a terra se encherá do conhecimento da glória do Senhor, como as águas enchem o mar".

Essa é a perspectiva final da fé cristã, mas o que pode ser dito sobre o futuro imediato ao se analisar o panorama histórico e político atual?

O cristianismo está se expandindo mais rapidamente nos países em desenvolvimento e entre os pobres do mundo, ao mesmo tempo em que aparenta estar em declínio no Ocidente. Será que essa tendência continuará? Serão os líderes mundiais do cristianismo tirados em breve desses países mais pobres? A resposta para ambas as perguntas, quase com certeza, é sim. Esse processo pode restaurar o equilíbrio que a Igreja perdeu. A influência de igrejas que prosperam nos países mais pobres levanta questões a respeito de justiça e desenvolvimento de volta à primazia do pensamento moral cristão. Cristãos cujo histórico religioso era animista resgatam uma noção vigorosa das realidades espirituais invisíveis subjacentes às estruturas materiais, desafiando a cultura materialista secularizada do Ocidente. O equilíbrio da atividade missionária já mudou, e hoje é maior o movimento de missionários cristãos da África e da Ásia trabalhando na Europa do que no sentido inverso.

Muito desse livro abordou a natureza da fé religiosa e das relações entre as crenças, mas o que o cristianismo pode oferecer no lugar de duas ideologias seculares gêmeas, o comunismo e o fascismo, que foram fortes durante boa parte do século XX e depois desapareceram?

Para alguns historiadores, ambas as ideologias, em certo sentido, eram filhas bastardas do cristianismo. O senso de propósito histórico do comunismo e sua convocação à luta por justiça, bem como o desejo fascista de erradicar o "pecado" e estabelecer a "ordem", têm raízes na tradição judaico-cristã. Separadas da verdade religiosa de que todo empreendimento humano é passível de julgamento e de que todo ser humano é mais valioso do que qualquer Estado ou sociedade, essas ideologias seculares foram distorcidas e causaram massacres. Uma das contribuições mais significativas que o cristianismo pode oferecer ao mundo pós-comunista é conduzir as pessoas para além da desilusão provocada pela ideologia fracassada e levá-las a uma visão renovada que um dia foi fonte de inspiração. No Oriente comunista, a experiência fracassada de uma sociedade coletiva foi substituída por um individualismo destrutivo e desenfreado, tão corrosivo para a pessoa interior quando o antigo sistema era opressivo para a pessoa exterior. O notável reavivamento da fé cristã no antigo bloco soviético pode ser, em parte, uma questão de nacionalismo e nostalgia, mas também pode representar uma crítica ao consumismo secular, que parece, nesse momento, triunfar em todo o mundo.

Fé, esperança e amor

Ao analisar a Igreja e seu impacto sobre o mundo em sua época, São Paulo escreveu: "Assim, permanecem agora estes três: a fé, a esperança e o amor. O maior deles, porém, é o amor". (1 Coríntios 13:13)

Fé, esperança e amor, as três grandes virtudes teológicas, continuam sendo, segundo o consenso, os valores aos quais os cristãos aspiram e a contribuição que devem oferecer ao mundo onde vivem. "A fé é a certeza daquilo que esperamos e a prova das coisas que não vemos." A sobrevivência do cristianismo, assim como a de outras religiões mundiais, nos oferece a possibilidade de transcender a visão limitada de nosso materialismo. A fé revela a realidade invisível de Deus, um Deus que não pode ser comprado, vendido, explorado ou transformado em *commodity*, mas sem o qual não podemos viver.

E quanto à esperança? Paradoxalmente, aqueles cuja vida tem sido mais abençoada em termos materiais parecem viver de maneira mais miserável e sem esperança, como demonstra claramente o crescimento nos índices de suicídio e violência entre os jovens. Uma das grandes tarefas do cristianismo nesse século é reafirmar e defender sua virtude tradicional da esperança, oferecer esperança e propósito não apenas às sociedades e nações, no sentido amplo dos termos, mas também às pessoas cuja necessidade de satisfação dos desejos materiais as conduziu apenas ao vazio interior e ao isolamento.

Por fim, há o amor. Ele tem sido esquecido ou negligenciado repetidas vezes ao longo da história cristã; na mesma proporção, tem sido resgatado. Os santos e sábios de cada geração do cristianismo descobriram novas e criativas formas de fazer do amor uma realidade prática no mundo, de encarnar essa palavra. Talvez o único significado irredutível da fé cristã seja que ela trouxe ao mundo a convicção de que cada pessoa, independentemente de seu sucesso ou fracasso, capacidade ou incapacidade, virtude ou pecado, é igualmente preciosa aos olhos de Deus.

Em que creem os cristãos? Eles creem que um preço infinito foi pago por cada pessoa, e que a agradável tarefa do crente é, portanto, valorizar e amar ao próximo.

Cronologia

0 d.C.	Jesus (c. 4 a.C.-30 d.C.)
	Missões e epístolas de Paulo (c. 50-60)
100	Redação dos evangelhos (c. 70-95)
200	
300	Imperador Constantino (306-337)
301	Estabelecimento do cânon do Novo Testamento (367)
	Santo Agostinho (354-430)
	Queda de Roma (410)
400	São Bento (480-542), primeiro movimento monástico
	Nascimento de Maomé (aprox. 570)
500	
600	Estabelecimento do texto do Alcorão (650)
700	O movimento ortodoxo chega à Rússia; o cristianismo latino se une ao cristianismo celta no Sínodo de Whitby, na Inglaterra (664)
800	
900	
1000	Divisão entre as igrejas Ocidental e Ortodoxa Oriental (1054)
1100	Cruzadas (1095-1350)

1200	São Francisco de Assis (1182-1226)
1300	Desenvolvimento das ordens monásticas; construção das catedrais; Santo Tomás de Aquino (1225-1274); Dante (1265-1321)
1400	Constantinopla é tomada pelos muçulmanos e rebatizada Istambul (1453)
1500	Lutero publica as 95 teses, reivindicando reformas na Igreja (1517); Reforma Protestante em processo (1545-1563); Reforma da Igreja Católica Romana no Concílio de Trento (1534); a Igreja da Inglaterra se separa de Roma
1600	Missões enviadas ao Novo Mundo; o cristianismo se expande pelo mundo todo
1700	O movimento iluminista na Europa desafia muitos ensinamentos tradicionais, dando início a uma interpretação mais liberal das Escrituras e, como reação, a um tipo de fundamentalismo mais radical
1800	
1900	Fundação do Conselho Mundial de Igrejas (1948); a liberdade religiosa chega à antiga União Soviética e ao bloco oriental (a partir de 1989); Madre Teresa (1910-1997)
2000	

Leituras adicionais

AGOSTINHO, SANTO. *Confissões*. São Paulo: Martin Claret, 2005.
Um clássico da espiritualidade, relato feito pelo maior teólogo da Igreja primitiva, escrito em 398 e ainda atual.

BOWKER, JOHN. *A Complete Bible Handbook* [Manual completo da Bíblia]. Dorling Kindersley, 2004.
Um compêndio excelente.

CHADWICK, H. e EVANS, G. R. *The Atlas of the Christian Church* [Atlas da Igreja Cristã]. Nova York: Fact on file, 1987.
Uma obra de referência muito lúcida.

DONOVAN, VINCENT. *Christianity Rediscovered* [Cristianismo redescoberto]. Nova York: Orbis Books, 2003.
Um missionário católico romano reinterpreta a própria fé à luz da cultura masai.

KUNG, HANS *The Apostles Creed Explained For Today* [O credo dos apóstolos explicados na atualidade]. Oregon: WIPF & Stock Publishers, 2003.
Um católico liberal relê da fé diante do modernismo.

LEWIS, C. S. *Cristianismo puro e simples*. São Paulo: Martins Fontes, 2005.
Um relato apaixonado e lógico da fé com o objetivo de converter "o homem na rua", escrito nos anos 1940 e nunca tirado de catálogo.

MCMANNERS, J. *The Oxford Illustrated History of Christianity* [História ilustrada do cristianismo]. Oxford: Oxford University Press, 2001.
Uma importante pesquisa que merece leitura.

NEILL, STEPHEN. *A History of Christian Missions* [História das missões cristãs]. Harmondsworth, Inglaterra: Penguin Books, 1990.
Um relato acadêmico e sério dos altos e baixos da história missionária.

NEWBIGGIN, LESLIE. *Foolishness to the Greeks: Gospel and Western Culture* [Loucura para os gregos: o evangelho e a cultura ocidental]. Michigan: Eerdmans Publishing, 1988.
Uma obra inovadora que aplica uma perspectiva missionária à cultura ocidental.

WARE, T. *The Orthodox Church* [A Igreja Ortodoxa]. Harmondsworth, Inglaterra: Penguin Books, 2004.
Reimpressão de uma apresentação e uma visão geral séria sobre as crenças e práticas da Igreja Ortodoxa.

WRIGHT, T. *Who Was Jesus?* [Quem foi Jesus?]. Michigan: Eerdmans Publishing, 1993.
Um ótimo olhar de bastidores sobre o material bíblico de autoria de um importante estudioso do Novo Testamento.

Recursos na internet

The Christian Classics Ethereal Library: http://www.ccel.org
Os textos completos de todos os grandes escritos das igrejas do Ocidente e do Oriente, totalmente disponíveis para download e pesquisa on-line, além de acesso a textos em grego e hebraico. Um recurso de valor inestimável.

The Bible Gateway: http://bible.gospelcom.net
Acesso instantâneo a textos e comentários bíblicos, totalmente disponível para pesquisa.

Third Way: http://www.thirdway.org.uk
Pensamento cristão rigoroso sobre política, sociedade e cultura.

O Vaticano: http://www.vatican.va
Grande quantidade de recursos e informações oficiais sobre o catolicismo romano.

A Igreja da Inglaterra: http://cofe.anglican.org
Uma visão abrangente do anglicanismo no mundo, sua liturgia, história, os debates atuais etc.

Cristianismo ortodoxo: http://www.orthodoxlinks.info
Um abrangente site russo com links para todas as maiores comunidades ortodoxas do país e sites do mundo inteiro.

Multi-Faith net: http://www.multifaithnet.org
Um maravilhoso site de várias crenças administrado pelo Centro de Pluralidade da Fé da Universidade de Derby. Estatísticas minuto a minuto e contatos com todas as comunidades de fé na Grã-Bretanha, artigos de profundidade sobre questões relacionadas à multiplicidade da fé. Excelentes páginas de resumo sobre os ensinamentos de cada crença, incluindo o cristianismo.

Índice remissivo

Abraão 75-76, 102, 148, 151
Adão 99-101
Adoração comunitária: orações diárias (breviário) 120
África
ágape 132
Agostinho, Santo 97
  A cidade de Deus 137-138
Alcorão 148
Alemanha: relações entre Igreja e Estado 138
ambiente 98, 159
América do Norte, 23, 26
  protestantismo 26
América do Sul
  catolicismo 26
  crescimento das congregações na 28
  teologia da libertação 23
amor
  como conceito-chave 18-20
  de todas as pessoas 172-174
  e a Santíssima Trindade 20, 39-40
  e as escolhas entre o bem e o mal 14
  e livre-arbítrio 120-121
  esforços para torná-lo uma realidade prática no mundo 173
  mandamento 18, 54-55, 91-92, 127, 139-140, 156-157, 165
  São Paulo fala sobre 81-82
  sofrimento 84-85
anglicanos 12, 129, 131
animais
  crueldade com 98
  ter domínio sobre 96-98
animismo 171
anjos caídos 44-45, 123
Antigo Testamento 34-35, 50, 58, 106, 153, 159, 163, 168
antissemitismo 149
Apocalipse 168
apóstolos 46, 69, 83, 143, 149

Aquino, Santo Tomás de 142
   Summa Theologia, 31, 33-34
aramaico (língua) 75, 108
Arca do Concerto 65
arrependimento 17, 47, 123
árvore do conhecimento do bem e do mal 99
ascensão 70, 143
ascetismo 155
Ásia: missionários cristãos da 171
Atos dos Apóstolos 70, 78-79, 83, 154

batismo 37-41, 43, 97, 109, 130-131
   de adultos 131
   de crianças 131
   forçado 86, 89
batistas 12, 131
Belém 34, 37
bem e mal 14, 99, 168
bem-aventuranças 90, 127
"bênção original" (doutrina) 96
Bento XVI, papa 25
Bíblia
   e o fundamentalismo 167-168
   encontros com Jesus 32
   literalismo bíblico 28, 167
   Nova versão internacional 107-108
   relatos da vida e dos ensinamentos de Jesus 32
   tradução 154
   (*veja também* Novo Testamento, Antigo Testamento)
   versão *King James* 108
Biotecnologia 157-159
bispos de Roma (*veja* papas)
Bizâncio 87, 150
bloco soviético 171-172
boas-novas 31, 47, 51, 126, 154
budistas, budismo 100, 153
   Zen 156

Caminho (seguidores do) 78-79
caridade 128, 132-133, 139-140, 165
carma ruim 100
casamento 131, 163
castidade 163
católicos, catolicismo 15, 23, 25-26, 92, 129, 131, 144, 151, 153-154
censura 92-93
céu
   e a morte de Jesus 110-111
   e terra 36, 43, 64, 110, 160
chauvinismo 15
China
   crescimento das congregações na 28

obra missionária na 154-155
christening 130
Christian Aid 165
Christian Ecology Network 160
circuncisão 24, 80
cisma religioso 13-14, 16, 87, 145
ciúme 121, 143
compaixão 47, 51, 53-54, 139, 147, 163
comportamento 14-18
Comunhão Anglicana
  convocação para o evangelismo 28-29
  mundial 26
  questões sobre a sexualidade humana 25
comunhão dos santos 129
comunidade
  comunidades cristãs 12
  criada por Jesus 46
  diferenças dentro da 143
  e os evangelhos 33
  estrutura cristã 128
  fé compartilhada 16
  Pais do Deserto 90
comunismo 171-172
Concílio de Jerusalém (c. 51 d.C.) 24
concílios eclesiásticos 144
Constantinopla (depois Bizâncio, hoje Istambul) 23, 87
  patriarca de 87

consumismo 155, 172
contracultura 89-91
Cordeiro de Deus 59
Coríntios 49-50, 69, 81-82, 101, 172
corrupção 92
crenças pagãs 88
crer 13-14, 16
criação 95, 100-101, 12⁵
crise ecológica 160
"cristãos autênticos" 1(
cristãos gentios 23-24, 3² ⁵6
cristãos judeus 24
cristãos
  caridade 128, 132-133
  número de adeptos 11
  perseguição dos primeiros 88
  sacramentos 128, 130-131
  variedades da experiência cristã 133-134
  vida cristã 137
Cristianismo
  amor, o conceito-chave 18-20
  Divisão entre Ocidente católico e Oriente Ortodoxo 21, 23, 144
  estabelecido como religião oficial do império 86-87
  estrutura 127
  fé missionária 28
  ligações com o islã e o judaísmo 148

liturgia 55, 112, 119, 144
monasticismo 89
monoteísmo 88-89
mudança do centro de gravidade 28, 171-172
no mundo 135-165
cristianismo e novas questões éticas 156-160
cristianismo e outras crenças e ideologias do mundo 147-156
lidando com as diferenças 143-147
o que o amor tem a ver com isso? 161-165
política e paz 135-143
no século XXI 160-174
aonde vamos agora? 169-172
fé, esperança e amor 161-174
fundamentos ou fundamentalismo? 167-169
organizações e grupos militantes 165
origem do 11, 21, 77
rápida disseminação do 21, 23, 83, 89
relações com o islã 150
Santa Comunhão (Santa Ceia, Eucaristia, Ceia do Senhor) 57
três principais ramos do 25-28

cruzadas 150-151
culpa 103

Damasco 78
Daniel 168
demônios 44
desenvolvimento 170
Deus
  como Santíssima Trindade 19-20
  cria a humanidade à sua imagem 96, 98, 100-101, 125
  criação 95, 125
  e a crucificação de Jesus 60-62
  e a salvação 79, 91-92, 150
  é amor 19, 125
  e as declarações da série "Eu sou" 74-76
  e as tentações de Jesus 45
  e o pecado 99-100, 102
  e os milagres de Jesus 50
  espera pelo encontro final com 13
  estabelecimento de seu Reino 45-46, 51
  fôlego de 96-97
  Jesus como Deus encarnado 19, 49, 125, 132
  novo pacto com a humanidade 58, 62
  obediência a 62-63, 110, 129

pacto com a terra 159
pacto com judeus 38, 80, 101-102
preexistência de Jesus em 41
reconciliação com a humanidade 37, 69, 101-102, 106, 117-119, 123, 125-126
relacionamento de amor com a humanidade 19, 40, 47, 58, 61, 80, 102, 161-162
relacionamento de amor com o Filho 19-20, 40
relacionamento especial com Jesus 108-109, 111, 124-125
separação de 99
vontade de 62-63, 110-113
Diabo 44-45, 122
diálogo filosófico 155
Dilúvio 159
diversidade 25, 145
dízimo 132
domingo 67, 130
doxologia 108

Earle, Stephen: *Jerusalém* 152-153
Efésios 82
Éfeso 82
Egito
  anjo da morte 59
  Pais do Deserto 90

Elias 73
engenharia genética 157
escravidão 55, 86, 104-105, 114, 118
Espanha: expulsão dos judeus 16
esperança 172-174
Espírito Santo 20, 35, 39-40, 44, 82-83, 88, 97, 106-107, 112, 124, 143, 162
Estado
  atos de compaixão do 139
  e a Igreja 84-85, 92-93, 115, 137-138
  estados cristãos 135, 140
  sanções 114
Estados Unidos
  Constituição 92
  igrejas protestantes 168-169
  política no Oriente Médio 168
  destruição das Torres Gêmeas (2001) 137
estrada para Damasco 68, 77
estrada para Emaús 60, 71
ética 105, 156-160
Eucaristia 119
Eugenia 158-159
Europa
  congregações em declínio 28
  descoberta do Novo Mundo 23

expulsão dos judeus pela Espanha católica 16
massacre de muçulmanos em Srebenica 16
Eva 99
evangelhos sinópticos 40-41, 74-75
evangelhos
 crucificação 61
 datação 32-33
 descrição do batismo de Jesus 37-39
 grande questão levantada pelos 44
 propósito dos 33-34
 relatos do nascimento de Jesus 34
 sepultamento e ressurreição de Jesus 66-68
 sinópticos 40-41, 74-75
evangelismo 28-29, 155
exército romano 74, 140
Êxodo 59
experiência mística 155
expiação 19, 102-105, 117-118, 123

fariseus 53, 61
fascismo 171
fé 172-173
filhos de Israel 38
filipenses 37
fôlego de Deus 96-98
Francisco de Assis, São 151

freiras 132-133
fundamentalistas
fundamentalismo 16, 153, 167-169

Gabriel, Anjo 109
Galileia 46-47
generosidade 121
Gênesis 95-101
genoma humano (mapeamento) 157
Getsêmani 62, 116, 142
Gólgota 64
graça 79, 126, 130, 161
grego (língua) 75
Gregório, São 31
Griffiths, Bede 155
guerra 115, 134, 140-143, 146, 149-151
Guerra Civil Inglesa 140
guerra religiosa 14

Herbert, George 97
hereges 86, 89
 caçadas aos 16
Herodes, rei 36, 45, 52, 63
hindus, hinduísmo 100, 153-154
hipocrisia 16, 23, 137, 164
Holocausto 149
homossexualidade 25, 55, 163
humanidade
 caída 99-101, 122

criada à imagem de Deus
96-98, 100-101, 125
dignidade e direitos inalienáveis 98
e o céu 110-111
novo pacto com Deus 58, 62
preciosa aos olhos de Deus 105, 174
reconciliação com Deus 37, 69, 101-102, 106, 117-119, 123, 125-126
relacionamento de amor com Deus 19, 40, 47, 58, 61, 80, 102, 161-162
solidariedade de Jesus com a 37, 39

idolatria 88, 153
Igreja Católica Romana: convocação ao evangelismo 28-29
Igreja da Inglaterra 93
Igreja
  autoridade da 144
  autoridades persecutórias 86-92
  cisma religioso (1054) 88
  divisões do Ocidente e do Oriente 23, 87
  e a sociedade 115
  e as boas-novas 126
  e o antissemitismo 149
  e o Estado 84-86, 92-93, 115, 137-138
  igrejas nos países em desenvolvimento 23-24
  influência de Constantino 84-85
  marginalização no Ocidente desenvolvido 93
  perseguição da 86, 149
  riqueza e poder 89, 91-92
  unidade e diversidade 25
igrejas africanas 23
  catolicismo 26-27
  coloniais 26
  congregações em crescimento nas 28
  missionários cristãos das 171
  teologia da libertação 23
Imperador Constantino 84-88
  fundação de Constantinopla 87
  influência sobre a Igreja 83-84, 86-87
  legado ambíguo 89
  ligações entre Igreja e Estado 84-86, 92
  política e lei 85
  primeiro imperador "cristão" 84
  realpolitik 85
  tolerância com crenças pagãs 88

Império Romano 20, 23, 26, 83, 87, 89, 140
Índia 21, 89
  ascetismo 155
  crescimento das congregações na 29
igrejas 24
  língua e cultura 154
  obra missionária na 155-156
inferno 123
Inglaterra: relações entre Igreja e Estado 138
Isaac 148
Isaías 56
islã 95
  cinco pilares 133
  ligações com o cristianismo e o judaísmo 148
  origem 21
  relações com o cristianismo 150-152
Israel
  doze tribos 46
  ocupação da terra e limpeza étnica 168
  pacto do Antigo Testamento 58
  relação de Deus com 163
  sob ocupação romana 45
Istambul (*veja* Constantinopla)

Jacó 148
Jardim do Éden 99
Javé 75, 108
Jeremias 73
Jerusalém 78, 150, 168
  entrada "triunfal" de Jesus 55
  Gólgota 64
  Messias esperado em 38
  o templo 56, 65-66, 70
  queda (70 d.C.) 21
  última semana de Jesus antes da crucificação 43-44, 55, 57-58
Jesus acalma a tempestade (milagre) 50
Jesus Cristo
  ascensão 70, 143
  batismo 37-40, 43-44, 97, 109
  como a Palavra de Deus 146
  como Cordeiro de Deus 59
  como Deus encarnado 19, 49, 125, 132
  como o "pão da vida" 34, 76
  como o Messias (*ver* Messias)
  como ponto de encontro entre Deus e a humanidade 13
  concepção 109
  conflito com autoridades 44, 52, 57
  declarações da série "Eu sou" 74-76
  e a violência 140-142

encontros com ele antes e
   depois de sua morte
   31-32
milagres 41, 45, 47-52
ministério 35, 39-41, 43,
   47-48, 52, 74, 106
morte 32-33, 35, 43, 58-66,
   71, 77, 80, 103-104,
   106, 166, 125-126
mulheres que o seguiam 45-
   46, 67
nascimento 35-38
nova vida em 24
paixão de 41
perdão de pecados 49, 69
preexistência em Deus 41
primeiros discípulos 11-12,
   46, 126
prisão 55, 57, 59, 63
quem ele dizia ser 73-76
questão da blasfêmia 48-49,
   63-64, 68, 75
raízes judaicas 34-35, 41,
   95
relacionamento de amor
   com Deus 19-20, 40
relacionamento especial
   com Deus 108-109,
   111, 124-125
ressurreição 32-33, 35, 43,
   57, 60-61, 66-72, 80,
   83, 111, 126, 130,
   148
retorno de 170

sepultamento 66-67
sobre o amor 18-19, 57
solidariedade com a huma-
   nidade 37, 39
tentação 59, 61, 63-64
tentação no deserto 44-46,
   90, 116
transfiguração 109
Última Ceia 52, 57-58
último mandamento aos
   discípulos 40, 44
João Batista 37-39, 59, 73
João Paulo II, papa 25, 29,
   156
João, São 46
   Evangelho de 18-19, 41
   60-61, 64, 74-75, 76,
   116, 144-145, 149
   163
jogos de poder 16, 55, 136
Johnston, William 156
Jordão (rio) 37-38
Josué 168
judaísmo
   (*veja também* judeus)
   e a origem do cristianismo
      11, 21, 77
   e a vinda do Reino de Deus
      110
   fariseus 53
   ligações com o cristianismo
      e o islã 148
   monoteísmo 88
Judeia 43

judeus 168
 (*veja também* judaísmo)
 antissemitismo 149
 atitude diante da crucificação 64
 e a Queda 99-100
 e um Messias 34
 expulsão da Espanha católica 16
 fundamentalismo 168
 pacto com Deus 38, 80, 102
 raízes judaicas de Jesus 34-35, 95
julgamento 61, 72, 105, 126-127, 138, 143, 148, 161, 171-172
justiça 165, 171

King, Martin Luther 29, 84

legalismo 16, 53, 55
lei da pureza 57
lei judaica 24, 54-55, 80, 102, 159
liberdade de expressão e de imprensa 92-93
línguas (falar ou cantar em) 28
literalismo 28, 167
literatura apocalíptica 168
livramento 104-105, 116
livre-arbítrio 120-125, 127-128, 138-139

Lucas, São
 Evangelho de 41, 65, 70, 78-79, 109-110, 117-119, 135-136
Lúcifer 122
Lutero, Martinho 91-92

Maimônides, Moisés 151
mal
 bem e 14, 99, 168
 derrota do 105
 e o Diabo 44-45
 livramento do 115-116
Maligno 122
mandamentos 16, 18, 106, 142, 156-157
manuscritos (cópia dos) 91
Marcos, São
 Evangelho de 41, 48-49, 52-55, 61, 65, 67, 104
Maria Madalena 47, 67, 69, 163
Maria, Virgem 35-37, 109, 129-130
Marta 47
materialismo 24, 157, 167, 171, 173
 científico 50, 155
Mateus, São 46
 Evangelho de 18, 40-41, 44, 51-52, 56, 58, 63, 69, 72-74, 106-108, 114-115, 141
meditação 12, 97

menonitas 142
Merton, Thomas 156
Mesopotâmia 84
Messias
　definido 34
　e a esperança dos judeus por uma revolta nacional 45-46, 51, 135
　esperado pelos judeus 34, 148
　Jesus como o 35, 38-40, 44-51, 56, 59-60, 64, 71, 73-75, 135, 148
metodistas 131
milagres 41, 45, 47-52
militarismo 140
Milton, John 123
　Areopagítica 93
misericórdia 161
Missão, A (filme) 23
missionários 23, 89, 153-156, 171
Moisés 38, 65, 102, 160
monastérios 90-91
monastérios beneditinos 91
monges 132-133, 156
monoteísmo 88, 150
morte
　de Jesus Cristo 32-33, 35, 43, 58, 60-62
　e sensação de não pertencimento 12-13
　para toda a humanidade 99
movimento ambientalista 98
movimento carismático 27

movimento ecumênico 22, 146
muçulmanos 148, 168
　e as cruzadas 150-151
　massacrados em Srebrenica 16
mulheres
　como seguidoras de Jesus 46-47, 67
　ordenação de 55

nacionalismo 172
Nazaré 37, 43
nazismo 149, 158
Noé 102, 159
Novo Mundo 23, 92
Novo Testamento 32, 104, 144, 168

obediência 63, 110, 129, 148
opressão 105
oração 12-13, 62-63, 71, 82, 90, 97, 107-109, 111-112, 127-130, 133, 145
　(*ver também* Pai Nosso)
ordenação de mulheres 55
ordens monásticas 90-91, 151
organizações não governamentais 165
orgulho 121-122, 162
Oriente Médio 21, 150, 168
ortodoxos do Oriente 12, 15, 21, 25-26, 90, 129, 131, 144, 151

pacifismo 142
Pai Nosso (Oração do Senhor) 43, 90, 105-116, 127, 129
País do Deserto 89-90
Pais Peregrinos 92, 139
Paixão de Cristo 41
Palestina 26, 35
papas (bispos de Roma) 87-88, 92, 144, 146
parábola do filho pródigo 117-119
parábolas 114-115, 117-121, 127
Passagem 59
pastores 36
Paulo, São 77-83, 101, 134, 149
　como fariseu 53, 68
　conversão ao cristianismo 53, 77
　e a homossexualidade 163
　e a salvação 79, 91-92
　e moral cristã 16-17
　episódio na estrada de Damasco 68-69, 77-79
　fé, esperança e amor 172-174
　imperativos 16-17
　martirizado 77
　oração pelos novos cristãos 82
　perseguição aos cristãos 78-79
　primeiros documentos cristãos 77
paz 150-151, 156, 165
pecado original 45, 91, 99-100
pecados
　como opção por si mesmo, e não por Deus 99-100
　confissão e absolvição 132
　expiação 102-105
　pecado coletivo 165
　perdão dos 49, 53-54, 58, 126, 161-162
Pedro, São 46, 68, 73, 114, 142, 144
penitência 90
Pentecoste 83
perdão 48-49, 58, 61, 65, 102-105, 113-115, 126, 148, 161-162
pertencimento 12-13, 15-18
Pilatos 36, 63-64
pluralismo religioso 88
pobres por opção 90, 133
pobreza
　mundo 165
　pobreza voluntária 90, 133
poder secular 92-93
politeísmo 150, 154
politeísmo e filosofia da Grécia 154
política 135-141
ponte Mílvia (Batalha da) 84
"povos do livro" 149, 152
presbiterianismo 131

programas científicos 160
programas de esclarecimento 160
protestantes, protestantismo 15, 25-27, 91-93, 144, 153, 156, 159-160, 168
pureza da doutrina 16
pureza étnica 168
purificação do templo 56-57
puritanismo radical 139

quacres 142
Queda 99-102

realpolitik 85
reconciliação com Deus e a humanidade 37, 69, 101-102, 106, 117-119, 123, 125-126
redenção 104, 121, 126, 147
Reforma Protestante 26-27
Regra de São Bento 90-91
Reino de Deus/Céu 38, 110, 113-114, 169-170
relações comerciais justas 165
renovação 17, 90, 159-160
resgate 104
restauração 48, 58, 101-103
reverência 160
Revolução Francesa 92
Ricci, Mateus 155
Roma 23, 43, 84
 águia imperial 85
 queda (410) 87, 137

Romanos (carta aos) 106, 149
romanos 45-46, 51, 135
Romero, Oscar 29
rosário 129-130
Rússia 12, 26

sábado
 guardar o 53
 véspera do 67
sacramentos 127, 130-133
sacrifício pessoal 57
salvação 17, 34, 74, 79, 91-92, 125-126, 139, 149, 159
samaritanos 74
San Salvador 29
Santa Comunhão 52, 57, 130-131
Santa Sofia, Istambul 151
Santíssima Trindade 17, 19-20, 39-40, 88, 124-125
santos 129-130, 174
Satanás 44-45, 122-123
Saulo (*veja* Paulo, São)
sectarismo 15-16
secularismo 24
secularização 93
seleção de seres humanos 157-158
Semana Santa 55
serviço 98, 133
sexualidade 25, 163-165
sociedade
 civil 136

coletiva 172
Igreja e a 11
secularização da 93
Srebrenica 16

temor 160
tendência a julgar os outros 164
teologia da libertação 23
terapia genética 157-158
Teresa, Madre 29
terra e céu 36, 43, 64, 160
Terra Prometida 38
Terra Santa 150
Tiago, São 46, 69
Tomé, São 68-69
Torá 53, 75, 99, 108, 148
transfiguração 109
tributação 135-136
turcos 150-151

Última Ceia 52, 57-58, 62
unção 34, 67
 unção dos doentes e moribundos 132
unidade 25, 27-28, 131, 134, 145-147

vida em santidade radical 16
vida espiritual/espiritualidade 90, 167
vida santificada 14
virtude 137
virtudes teológicas 173
visão teocrática 136, 140

Zacarias 56
zen-budismo 156

*O texto deste livro foi composto em Sabon,
desenho tipográfico de Jan Tschichold de 1964
baseado nos estudos de Claude Garamond e
Jacques Sabon no século XVI, em corpo 11/16.
Para títulos e destaques, foi utilizada a tipografia
Frutiger, desenhada por Adrian Frutiger em 1975.*

*A impressão se deu sobre papel off-white 80g/m²
pelo Sistema Cameron da Divisão Gráfica
da Distribuidora Record.*